講談社 火の鳥伝記文庫

新《しん》時《じ》代《だい》の風《かぜ》
坂《さか》本《もと》龍《りょう》馬《ま》

砂田《すなだ》弘《ひろし》 文
槇《まき》えびし 絵

JN223998

はじめに

太平洋《たいへいよう》の黒潮《くろしお》がおしよせる桂浜《かつらはま》。
下級武士《かきゅうぶし》の家《いえ》に生《う》まれた坂本龍馬《さかもとりょうま》が、
はるかな水平線《すいへいせん》の向《む》こうを見《み》つめています。
攘夷《じょうい》か、開国《かいこく》か。
4隻《せき》の黒船《くろふね》があらわれてから、
はげしくふきすさぶ
時代《じだい》のあらしの中《なか》を、
龍馬《りょうま》は大《おお》またでかけぬけていきました。
勝海舟《かつかいしゅう》と出会《であ》い、世界《せかい》へ目《め》を開《ひら》き、
神戸《こうべ》海軍操練所《かいぐんそうれんじょ》の設立《せつりつ》に力《ちから》をつくし、
日本《にっぽん》ではじめての商社《しょうしゃ》である

亀山社中《かめやましゃちゅう》をつくり、海援隊《かいえんたい》で大活躍《だいかつやく》。
ついには、宿敵同士《しゅくてきどうし》に手《て》をむすばせた薩長連合《さっちょうれんごう》で
歴史《れきし》の進路《しんろ》を大《おお》きくかえました。
そして、大政奉還《たいせいほうかん》を実現《じつげん》し、
２６０年《ねん》あまりつづいた徳川幕府《とくがわばくふ》を終《お》わらせたのです。
龍馬《りょうま》は、わずか33歳《さい》で、
親友《しんゆう》・中岡慎太郎《なかおかしんたろう》とともに暗殺《あんさつ》されましたが、
その青春《せいしゅん》は、まったく色《いろ》あせることなく
いまもかがやきを放《はな》っています。
ブーツをはいて、拳銃《けんじゅう》を持《も》った
型《かた》やぶりなサムライ、坂本龍馬《さかもとりょうま》。
日本《にっぽん》の歴史《れきし》がかわる前夜《ぜんや》、
息苦《いきぐる》しい時代《じだい》に１発《ぱつ》の弾丸《だんがん》を放《はな》ちます。

もくじ

はじめに 2

1 ほのおをはく龍《りゅう》

よばぁたれと仁王《におう》さま 7
黒船《くろふね》、日本《にっぽん》をゆるがす 18
世界《せかい》に目《め》を開《ひら》く 28
土佐《とさ》の国《くに》をぬけだす 38
勝海舟《かつかいしゅう》に出会《であ》う 47

2 明日《あす》の日本《にっぽん》のために

日本《にっぽん》の洗濯《せんたく》をするんじゃ 57

3 近代国家《きんだいこっか》を目指《めざ》して

西郷隆盛《さいごうたかもり》という男《おとこ》 67
薩摩藩邸《さつまはんてい》にかくれすむ 76
動《うご》きだした龍馬《りょうま》 86
雨《あめ》のち晴《は》れ 94
寺田屋《てらだや》でおそわれる 109
後藤象二郎《ごとうしょうじろう》と会《あ》う 130
その名《な》は海援隊《かいえんたい》 138
日本《にっぽん》をかえた船中八策《せんちゅうはっさく》 148
大政奉還《たいせいほうかん》の決《き》まった日《ひ》 159
運命《うんめい》の11月《がつ》15日《にち》 168

坂本龍馬《さかもとりょうま》の年表《ねんぴょう》　178
解説《かいせつ》
坂本龍馬《さかもとりょうま》の人気《にんき》の秘密《ひみつ》
砂田《すなだ》　弘《ひろし》　182
坂本龍馬《さかもとりょうま》をめぐる歴史人物伝《れきしじんぶつでん》　190

1 ほのおをはく龍《りゅう》

よばぁたれと仁王《におう》さま

「よばぁたれ！　はなったれ！」

ひときわ高《たか》く天守閣《てんしゅかく》のそびえたつ城下町《じょうかまち》、高知《こうち》の町角《まちかど》で、わんぱくどもがひとりの少年《しょうねん》をとりかこみ、わいわい、はやしたてていた。なかには、棒《ぼう》っ切《き》れを持《も》った子《こ》もいる。

いじめられている少年《しょうねん》の名《な》は、坂本龍馬《さかもとりょうま》。つい昨日《きのう》も、同《おな》じ場所《ばしょ》で、わんぱくどもにいじめられたばかりだった。

10歳《さい》にしては大柄《おおがら》だが、どこかぼうっとしていて、

「見《み》てみい、たらたら、はなをたらしちょる。」

「赤《あか》んぼうみたいじゃのう。」

みんながどっとわらうと、鼻《はな》をこすりながら、いまにも泣《な》きだしそうな顔《かお》で、いっさんににげだした。

「よばぁたれ！　はなったれ！」

わんぱくどもは、なおも追《お》いかけてくる。

「よばぁたれ」とは、高知《こうち》の言葉《ことば》で「寝小便《ねしょうべん》たれ」のことである。

いくつも路地《ろじ》を走《はし》りぬけ、龍馬《りょうま》がやっとわが家《や》の前《まえ》までたどりついたとき、板塀《いたべい》の木戸《きど》ががらりと開《ひら》いて、

「おまんら、なにをさわいどるんじゃ。」

たすきをかけ、木刀《ぼくとう》を持《も》った娘《むすめ》が姿《すがた》をあらわし、わんぱくどもをにらみつけた。

「わあっ、坂本《さかもと》のお仁王《におう》さまじゃ！」

それを見《み》て、わんぱくどもは、ちりぢりになってにげだした。

娘《むすめ》は、龍馬《りょうま》より三つ年上《としうえ》の姉《あね》の乙女《おとめ》だった。まだ13歳《さい》だというのに、身長《しんちょう》は176

センチメートル、体重《たいじゅう》は112キログラムもある。

体《からだ》が大《おお》きいだけではない。男《おとこ》も顔負《かおま》けの力持《ちからも》ちで、両手《りょうて》に米俵《こめだわら》をひとつずつ持《も》って運《はこ》ぶことぐらい、朝飯前《あさめしまえ》だった。しかも剣道《けんどう》をはじめ、水泳《すいえい》や乗馬《じょうば》など、武術《ぶじゅつ》はなんでもござれで、きたえぬいた体《からだ》は、きりりと引《ひ》きしまっている。いまも、庭《にわ》で木刀《ぼくとう》のすぶりをしていたところだった。

まるで「仁王《におう》さま」のようだというので、人《ひと》よんで「坂本《さかもと》のお仁王《におう》さま」。わんぱくどもが、こわがるのもむりはない。

「もう、泣《な》かんでもええ。」

乙女《おとめ》は龍馬《りょうま》の肩《かた》に手《て》をかけ、

「男《おとこ》の子《こ》なら、たまにはけんかをしいや。」

いかにもくやしそうに言《い》った。龍馬《りょうま》が生《う》まれてからずっと、乙女《おとめ》はだれよりも弟《おとうと》をかわいがってきた。それだけに、10歳《さい》になっても、けんかひとつできない弱虫《よわむし》の弟《おとうと》が、乙女《おとめ》にはなさけなく、またくやしく思《おも》われてならなかった。

坂本龍馬《さかもとりょうま》は、1835（天保《てんぽう》6）年《ねん》11月《がつ》15日《にち》に土佐《とさ》（高知県《こうちけん》）の高知《こうち》の町《まち》で、男《おとこ》ふたり、女《おんな》3人《にん》の5人《にん》きょうだいの末《すえ》っ子《こ》として生《う》まれた。

お産《さん》のまえに、母親《ははおや》が、龍《りゅう》のはいたまっ赤《か》なほのおがおなかの中《なか》に入《はい》ってくる夢《ゆめ》を見《み》たので、龍馬《りょうま》と名《な》づけられたという。また、生《う》まれたとき、背中《せなか》にびっしり馬《うま》のような毛《け》が生《は》えていたので、龍馬《りょうま》という名《な》がついたという説《せつ》もある。

龍《りゅう》は、強《つよ》くていさましい想像上《そうぞうじょう》の動物《どうぶつ》である。伝説《でんせつ》では、池《いけ》や海《うみ》の中《なか》にすみ、空《そら》にのぼっては雲《くも》を起《お》こし、雨《あめ》をふらせるという。両親《りょうしん》はわが子《こ》の将来《しょうらい》に大《おお》きな期待《きたい》をいだいて、龍《りゅう》と馬《うま》を合《あ》わせたような男《おとこ》になってほしいとねがい、この名《な》をつけたのだった。ところが、龍馬《りょうま》は期待《きたい》に反《はん》し、おさないころから、あまえんぼうで弱虫《よわむし》だった。

坂本家《さかもとけ》は、土佐藩《とさはん》の郷士《ごうし》であった。郷士《ごうし》というのは、土佐《とさ》に山内家《やまうちけ》が大名《だいみょう》になってやってくるまえから、この土地《とち》に住《す》みついていた武士《ぶし》のことである。

土佐《とさ》の国《くに》は、もともと長宗我部家《ちょうそかべけ》がおさめていたが、1600（慶長《けいちょう》5）年《ねん》の関《せき》ケ《が》原《はら》の戦《たたか》いで、長宗我部家《ちょうそかべけ》は豊臣方《とよとみがた》について、ほろぼされ、かわって徳川方《とくがわがた》の山内家《やまうちけ》が土佐《とさ》の大名《だいみょう》となった。そのため、長宗我部家《ちょうそかべけ》に仕《つか》えていた武士《ぶし》たちは、武士《ぶし》よりいちだんひくい、郷士《ごうし》の身分《みぶん》に落《お》とされたのである。

龍馬《りょうま》の家《いえ》の本家《ほんけ》は、質屋《しちや》などの商売《しょうばい》をやっていて、高知《こうち》の町《まち》では指折《ゆびお》りの金持《かねも》ちだった。龍馬《りょうま》の曾祖父《そうそふ》が分家《ぶんけ》して郷士《ごうし》となるとき、本家《ほんけ》からじゅうぶんな土地《とち》をもらっていたので、郷士《ごうし》という身分《みぶん》はひくかったが、龍馬《りょうま》はなにひとつ不自由《ふじゆう》なく育《そだ》った。おさないころには、龍馬《りょうま》の世話《せわ》をする乳母《うば》もいた。

しかも龍馬《りょうま》は末《すえ》っ子《こ》で、いちばん上《うえ》の兄《あに》とは21も年《とし》がちがう。上《うえ》の姉《あね》は18、まんかの姉《あね》も11も年上《としうえ》だった。だから、龍馬《りょうま》は金持《かねも》ちのぼっちゃんとして、家族《かぞく》のみんなからねこかわいがりされて育《そだ》った。あまえんぼうの弱虫《よわむし》になったのも、あたりまえかもしれない。

しかし、10歳《さい》になってもはなをたらし、寝小便《ねしょうべん》のくせが直《なお》らないというのは、どこかおかしかった。食事《しょくじ》のときは、ご飯《はん》をぼろぼろこぼすし、はかまもひとりではうまくはけない。

「龍馬《りょうま》にもこまったものじゃ。はて、一人前《いちにんまえ》の人間《にんげん》になれるかどうか。」

というのが父《ちち》の口《くち》ぐせだった。

12歳《さい》になると、父《ちち》は龍馬《りょうま》を近《ちか》くの楠山塾《くすやまじゅく》という塾《じゅく》に通《かよ》わせた。ともかく、学問《がくもん》の基《き》礎《そ》だけは身《み》につけさせようと思《おも》ったのである。

そのころの塾《じゅく》では、漢書《かんしょ》の素読《そどく》といって、中国《ちゅうごく》の古《ふる》い書物《しょもつ》を声《こえ》に出《だ》して読《よ》むのが主《おも》な勉強《べんきょう》だったが、龍馬《りょうま》にはちんぷんかんぷんで、ちっともおもしろくない。たいくつしきって、あくびをしたり、鼻《はな》くそをほじくったりしていた。

だから、成績《せいせき》はふるわず、いつもビリで、

「このあほったれが！」

みんなにばかにされ、泣《な》きながら家《いえ》に帰《かえ》ってくることもあった。

そんなある日《ひ》、塾《じゅく》でひとりの少年《しょうねん》と口論《こうろん》になり、相手《あいて》が刀《かたな》をぬいてかかってきたのを、文庫《ぶんこ》（本《ほん》などを入《い》れる箱《はこ》）のふたでふせいだ。龍馬《りょうま》の生《う》まれてはじめてのけんかだった。よほど、はらの立《た》つことを言《い》われたのだろう。

やがて、このことが塾《じゅく》の先生《せんせい》にばれて、相手《あいて》の少年《しょうねん》は塾《じゅく》を退学《たいがく》させられた。それを知《し》った龍馬《りょうま》の父《ちち》は、

「おまえも悪《わる》い。」

と言《い》って、龍馬《りょうま》にも塾《じゅく》をやめさせた。一生《いっしょう》のあいだで、龍馬《りょうま》が学校《がっこう》らしい学校《がっこう》に通《かよ》ったのは、このわずか数《すう》か月間《げつかん》だけだった。

母《はは》が49歳《さい》でこの世《よ》を去《さ》ったのは、ちょうどそのころだった。来《く》る日《ひ》も来《く》る日《ひ》も、龍《りょう》馬《ま》は泣《な》きくらした。

「龍馬《りょうま》、竹刀《しない》を持《も》って、庭《にわ》に出《で》なさい！」

そんな龍馬《りょうま》をふるいたたせたのは、姉《あね》の乙女《おとめ》だった。龍馬《りょうま》もすでに12歳《さい》、いつまでもあまやかしてはおけない。母親代《ははおやが》わりになって、龍馬《りょうま》をしつけようと、乙女《おとめ》は決意《けつい》したのである。

やがて、乙女《おとめ》の特訓《とっくん》が始《はじ》まった。乙女《おとめ》のきたえ方《かた》はきびしかった。

「たあっ、おめん！」

剣術《けんじゅつ》のけいこでは、龍馬《りょうま》がまごまごしていると、庭《にわ》の池《いけ》につきおとす。乗馬《じょうば》のけいこでは、龍馬《りょうま》が馬《うま》から落《お》ちて足《あし》をくじいても、

「それっ、もう一度《いちど》。」

龍馬《りょうま》をかついで馬《うま》に乗《の》せ、ぴしりと、むちで馬《うま》のしりをたたいて、しゃにむに走《はし》らせる。裏山《うらやま》に登《のぼ》って、龍馬《りょうま》にピストルのうち方《かた》を教《おし》えたこともあるという。

こうして、龍馬《りょうま》はしだいに、たくましい少年《しょうねん》に育《そだ》っていった。龍馬《りょうま》はどんなにうれしかったことか。塾《じゅく》では落《お》ちこぼれだったが、武術《ぶじゅつ》では一人前《いちにんまえ》だという自信《じしん》をもつようになったからである。

乙女《おとめ》がしつけたのは、武術《ぶじゅつ》だけではなかった。夜中《よなか》に龍馬《りょうま》を起《お》こして便所《べんじょ》につれていき、寝小便《ねしょうべん》のくせを直《なお》した。午前中《ごぜんちゅう》は、習字《しゅうじ》をさせたり、本《ほん》を読《よ》んでやって、学問《がくもん》を身《み》につけさせた。龍馬《りょうま》にとって、姉《あね》の乙女《おとめ》はこの世《よ》にふたりといない、すばらしい先生《せんせい》だった。

14歳《さい》のときから、龍馬《りょうま》は、高知城下《こうちじょうか》で小栗流《おぐりりゅう》の剣術《けんじゅつ》を教《おし》える日根野道場《ひねのどうじょう》に通《かよ》うようになった。先生《せんせい》の日根野弁治《ひねのべんじ》は、高知《こうち》ではいちばん剣術《けんじゅつ》が強《つよ》いといわれていた人《ひと》である。

ある雨《あめ》のはげしい日《ひ》、日根野先生《ひねのせんせい》は道《みち》で龍馬《りょうま》と出会《であ》った。かさもささずに、ずぶぬれになって、しかものんびりと歩《ある》いている。

「龍馬《りょうま》、どこへ行《い》きよるぜよ。」

「はい、水《みず》あびに行《い》きよります。」

川《かわ》で泳《およ》ぐのは、龍馬少年《りょうましょうねん》の日課《にっか》のひとつだった。

「おんしゃ、こんな大雨《おおあめ》の日《ひ》に水《みず》あびすんのかや。」

先生《せんせい》があきれて聞《き》くと、

「川《かわ》で泳《およ》げばどうせぬれるきに、晴《は》れちょろうとふりよろとおんなじじゃ。」

龍馬《りょうま》はけろりとしている。

なるほど、そのとおりだった。しかし、普通《ふつう》の人間《にんげん》には、なかなか考《かんが》えられないことである。

——おもしろいやつじゃ。ひょっとしたら、大物《おおもの》になるかもしれんぞ。

日根野《ひねの》先生《せんせい》はそう思《おも》った。

先生《せんせい》の予想《よそう》は当《あ》たった。入門当時《にゅうもんとうじ》、龍馬《りょうま》の腕前《うでまえ》はたいしたことはなかったが、がまん強《づよ》く、いくら打《う》ちこまれても、へこたれない。2年《ねん》、3年《ねん》とたつうちに、龍馬《りょうま》の腕《うで》前《まえ》はめきめき上達《じょうたつ》し、とうとう、日根野道場《ひねのどうじょう》ではだれもかなう者《もの》がいなくなった。

姉《あね》の乙女《おとめ》に身長《しんちょう》がほぼ追《お》いついたのも、そのころである。身長《しんちょう》173センチメートル、体重約《たいじゅうやく》80キログラム。たくましい青年《せいねん》に成長《せいちょう》した龍馬《りょうま》を見《み》つめて、

「これが、あのはなたれじゃった子《こ》かね。」

乙女《おとめ》は目《め》を細《ほそ》めるのだった。

川《かわ》に泳《およ》ぎに出《で》かけたついでに、龍馬《りょうま》はよく桂浜《かつらはま》まで足《あし》をのばし、海《うみ》をながめた。龍《りょう》馬《ま》の家《いえ》からも海《うみ》は見《み》えたが、浜辺《はまべ》に立《た》って見《み》る海《うみ》は、ひと回《まわ》りもふた回《まわ》りも大《おお》きく、じつに豊《ゆた》かな気持《きも》ちになる。

遠《とお》くを見《み》るときは、まゆ毛《げ》をよせ、目《め》を細《ほそ》めるのが龍馬《りょうま》のくせだった。かなりひどい近眼《きんがん》だったからである。

目《め》の前《まえ》にはてしなく広《ひろ》がる太平洋《たいへいよう》――。波《なみ》のかなたに消《き》えていく船《ふね》が、豆《まめ》つぶのように見《み》える。

この大海原《おおうなばら》のはるか先《さき》にアメリカという国《くに》のあることを、龍馬《りょうま》も聞《き》いて知《し》っていた。しかし、アメリカまでどのくらいの距離《きょり》があるのかは知《し》らなかったし、まして、やがてそのアメリカから黒船《くろふね》がやってきて、日本《にっぽん》をゆるがすことになろうとは、夢《ゆめ》にも思《おも》っていなかった。

黒船《くろふね》、日本《にっぽん》をゆるがす

「では、父上《ちちうえ》、行《い》ってまいります。」

家族《かぞく》に別《わか》れをつげ、龍馬《りょうま》が江戸《えど》（東京《とうきょう》）に旅立《たびだ》ったのは、1853（嘉永《かえい》6）年3

月半《がつなか》ばのことだった。江戸《えど》で剣術《けんじゅつ》の修業《しゅぎょう》をしたいという願《ねが》いを、殿《との》さまがゆるしてくれたのである。

いまでいう留学《りゅうがく》で、期間《きかん》は1年《ねん》3か月《げつ》。龍馬《りょうま》は、19歳《さい》だった。

高知《こうち》から山《やま》をこえて徳島《とくしま》へ。船《ふね》で大坂《おおざか》にわたり、陸路江戸《りくろえど》へと向《む》かう。高知《こうち》から江《え》戸《ど》までは約《やく》300里《り》（約《やく》1180キロメートル）、急《いそ》いでも、たっぷり1か月《げつ》はかかる。江戸《えど》に着《つ》いたときは、すでに初夏《しょか》であった。

江《え》戸《ど》に着《つ》いた龍馬《りょうま》は、土佐《とさ》の藩邸《はんてい》でくらすことになった。江戸《えど》時代《じだい》には、全国《ぜんこく》の大《だい》名《みょう》はそれぞれ江戸《えど》に屋敷《やしき》をかまえていた。会社《かいしゃ》でいうと、支店《してん》にあたる。

翌日《よくじつ》、龍馬《りょうま》はさっそく、京橋《きょうばし》にある北辰一刀流《ほくしんいっとうりゅう》、千葉定吉《ちばさだきち》の道場《どうじょう》に入門《にゅうもん》した。定吉《さだきち》の兄《あに》は、そのころ日本《にっぽん》でも指折《ゆびお》りの剣豪《けんごう》といわれた千葉周作《ちばしゅうさく》で、定吉《さだきち》は「小千葉《こちば》」とよばれ、その道場《どうじょう》には、全国《ぜんこく》から武芸《ぶげい》をこころざす若者《わかもの》が集《あつ》まっていた。

千葉定吉《ちばさだきち》は、ちょうどそのころ鳥取藩《とっとりはん》に仕《つか》えることになり、息子《むすこ》の重太郎《じゅうたろう》が、道場《どうじょう》をとりしきっていた。入門《にゅうもん》した龍馬《りょうま》は、重太郎《じゅうたろう》からテストを受《う》けることになった。

「やあっ！　たっ！」

龍馬《りょうま》は力《ちから》いっぱい立《た》ちむかったが、中央《ちゅうおう》と地方《ちほう》とではやはりレベルがちがう。高知《こうち》では敵《てき》なしといわれた龍馬《りょうま》も、三本勝負《さんぼんしょうぶ》で1本《ぽん》とるのがやっとだった。

しかし、重太郎《じゅうたろう》は、

「坂本《さかもと》さん、なかなかお強《つよ》いですね。」

と、おどろいたようすだったし、試合《しあい》を見《み》ていた千葉定吉《ちばさだきち》も、

「おぬしは、見《み》こみがある。」

とほめてくれた。その言葉《ことば》にはげまされて、龍馬《りょうま》は連日《れんじつ》、熱心《ねっしん》にけいこをつづけた。

道場《どうじょう》に、毎日《まいにち》のように姿《すがた》をあらわす美《うつく》しい少女《しょうじょ》がいた。重太郎《じゅうたろう》の妹《いもうと》、16歳《さい》のさな子《こ》である。

ある日《ひ》、龍馬《りょうま》はさな子《こ》と試合《しあい》をした。剣《けん》の構《かま》えにすきがなく、どうしてなかなか手《て》ごわい。

ピシッ、ピシッ！

打《う》ちあったあと、竹刀《しない》をすてての組《く》み打《う》ちになり、龍馬《りょうま》は相手《あいて》を組《く》みふせたが、さな子《こ》は面《めん》をはぎとられても、

「まいった。」

とは言《い》わない。負《ま》けずぎらいのところは、姉《あね》の乙女《おとめ》にそっくりだった。しかし、乙女《おとめ》とはちがって、さな子《こ》は色白《いろじろ》ですらりとしていた。

それがきっかけで、龍馬《りょうま》はしばしば、さな子《こ》とけいこをした。そのたびに、龍馬《りょうま》はふるさとの姉《あね》のことを思《おも》いだした。さな子《こ》のおさないころの名前《なまえ》が乙女《おとめ》といったのも、不思議《ふしぎ》な縁《えん》であった。

世《よ》の中《なか》がはげしくゆれうごきはじめたのは、ちょうどそのころである。アメリカのペリー提督《ていとく》のひきいる4隻《せき》の黒《くろ》ぬりの軍艦《ぐんかん》が、相州《そうしゅう》（神奈川県《かながわけん》）の浦賀沖《うらがおき》にあらわれ、日本《にっぽん》に開国《かいこく》をせまったのは、龍馬《りょうま》が江戸《えど》に着《つ》いてまもない、この年《とし》（1853年《ねん》）6月《がつ》のことであった。

ドドン、ドーン！

4隻《せき》の黒船《くろふね》は、ときおり、江戸《えど》の方角《ほうがく》に向《む》けて、大砲《たいほう》の音《おと》をとどろかせた。たまはこめられていなかったが、もし要求《ようきゅう》をのまない場合《ばあい》は、ほんとうにたまをぶちこみ、上陸《じょうりく》するぞというおどしであった。

——開国《かいこく》か、それとも戦争《せんそう》か。

幕府《ばくふ》は決断《けつだん》をせまられていた。しかし、国《くに》の中《なか》では意見《いけん》がまっぷたつにわれ、開国《かいこく》賛成派《さんせいは》と反対派《はんたいは》がはげしく対立《たいりつ》していた。

二百数十年《すうじゅうねん》ものあいだ、鎖国政策《さこくせいさく》をとりつづけてきた幕府《ばくふ》は、事《こと》ここにいたっても、どうしてよいかわからず、ただうろたえているばかりだった。

太平《たいへい》のねむりをさます上喜撰《じょうきせん》
たった四杯《しはい》で夜《よる》もねむれず

だれがつくったのか、こんな狂歌《きょうか》［1］の落書《らくが》きも江戸《えど》の町《まち》にあらわれた。上喜撰《じょうきせん》

［1］身近《みぢか》なものごとを題材《だいざい》にし、しゃれや風刺《ふうし》をきかせた、こっけいな短歌《たんか》。

とはお茶《ちゃ》の名《な》で「4杯《はい》もお茶《ちゃ》を飲《の》んだので、目《め》がさえて、夜《よる》もねむれない。」というのが表《おもて》の意味《いみ》だが、「たった4隻《せき》の蒸気船《じょうきせん》――黒船《くろふね》のために、心配《しんぱい》で夜《よる》もろくろくねむれない。」というのが、ほんとうの意味《いみ》だった。

この狂歌《きょうか》ひとつからもわかるように、幕府《ばくふ》のおえら方《がた》はもちろんのこと、江戸《えど》の人《ひと》びとも、あわてふためいていた。実際《じっさい》、黒船《くろふね》の大砲《たいほう》の音《おと》におどろいて、家財道具《かざいどうぐ》をまとめて、江戸《えど》の町《まち》からにげだす人《ひと》もいたほどである。

しかし、うろたえながらも、日本《にっぽん》の将来《しょうらい》を真剣《しんけん》に考《かんが》えている人《ひと》たちもいた。信州《しんしゅう》(長野県《ながのけん》)松代藩《まつしろはん》の佐久間象山《さくましょうざん》[2]や、長州藩《ちょうしゅうはん》(山口県《やまぐちけん》)の吉田松陰《よしだしょういん》[3]などがそうであった。

象山《しょうざん》と松陰《しょういん》は、黒船《くろふね》が来航《らいこう》すると、さっそく浦賀《うらが》に出《で》かけ、望遠鏡《ぼうえんきょう》で黒船《くろふね》を偵察《ていさつ》している。このとき、象山《しょうざん》は43歳《さい》、松陰《しょういん》は24歳《さい》であった。

蘭学《らんがく》[4]や、ヨーロッパの砲術《ほうじゅつ》を学《まな》んだ象山《しょうざん》は、開国論者《かいこくろんしゃ》だった。欧米《おうべい》の国々《くにぐに》と国交《こっこう》を開《ひら》き、文化《ぶんか》をとりいれ、貿易《ぼうえき》をさかんにすることが、日本《にっぽん》の将来《しょうらい》のためになると考《かんが》えていた。

松陰《しょういん》は、象山《しょうざん》の塾《じゅく》で学《まな》んだ学者《がくしゃ》だったが、開国反対派《かいこくはんたいは》だった。相手《あいて》のおどしにくっして開国《かいこく》すれば、インドや清国《しんこく》（中国《ちゅうごく》）のように植民地《しょくみんち》にされてしまう危険《きけん》があると考《かんが》えていたからである。日本《にっぽん》の独立《どくりつ》はなんとしても守《まも》らなければならない。とすれば、相手《あいて》を力《ちから》ずくで追《お》いだすしか方法《ほうほう》はない。

「どうだ、たたかって勝《か》てるかな。」

[2] 1811～1864年《ねん》。真田家《さなだけ》に仕《つか》えた思想家《しそうか》、発明家《はつめいか》。進歩的藩主《しんぽてきはんしゅ》であった8代《だい》・幸貫《ゆきつら》を学問《がくもん》で支《ささ》えた。イギリスが清国《しんこく》（中国《ちゅうごく》）を支配《しはい》することになったアヘン戦争《せんそう》を知《し》り、外国《がいこく》に脅威《きょうい》をおぼえる。1851年《ねん》、江戸木挽町《えどこびきちょう》に塾《じゅく》を開《ひら》き、砲術《ほうじゅつ》や儒学《じゅがく》などを教《おし》えた。門下生《もんかせい》には勝海舟《かつかいしゅう》や吉田松陰《よしだしょういん》がいる。

[3] 1830～1859年《ねん》。思想家《しそうか》、教育者《きょういくしゃ》。ペリー来航《らいこう》ののち、海外視察《かいがいしさつ》のために密航《みっこう》をこころみるが失敗《しっぱい》し、投獄《とうごく》された。獄中《ごくちゅう》も勉学《べんがく》にはげみ、出獄《しゅつごく》してからは、松下村塾《しょうかそんじゅく》を主宰《しゅさい》する。高杉晋作《たかすぎしんさく》、久坂玄瑞《くさかげんずい》、伊藤博文《いとうひろぶみ》など、幕末《ばくまつ》や維新《いしん》で活躍《かつやく》する人材《じんざい》を育《そだ》てた。

[4] 医学《いがく》・天文学《てんもんがく》・兵学《へいがく》・化学《かがく》など、西洋《せいよう》の学術《がくじゅつ》や文化《ぶんか》をオランダ語《ご》で研究《けんきゅう》した学問《がくもん》。

象山《しょうざん》が聞《き》いた。松陰《しょういん》は顔《かお》をこわばらせて、

「たしかに手強《てごわ》い相手《あいて》です。しかし……。」

そう答《こた》えるのがやっとだった。

黒船《くろふね》のうわさは、もちろん坂本龍馬《さかもとりょうま》の耳《みみ》にもとどいた。

さらにおどしをかけるために、黒船《くろふね》が江戸《えど》の内海《うちうみ》（東京湾《とうきょうわん》）に深《ふか》く入《はい》りこんできたとき、龍馬《りょうま》たち土佐藩《とさはん》の者《もの》も、幕府《ばくふ》の命令《めいれい》で、沿岸《えんがん》の警備《けいび》にかりだされた。龍馬《りょうま》は道場《どうじょう》のけいこ着《ぎ》を着《つ》け、刀《かたな》を引《ひ》っさげて、

「黒船《くろふね》をぶんどっちゃる。」

と、いさんで出《で》かけていった。しかし、かんじんの黒船《くろふね》を見《み》ることはできなかった。

「来年《らいねん》の春《はる》、ふたたびやってくる。」

そう言《い》いのこして、ペリーが立《た》ちさったのは、それからまもなくだった。興奮《こうふん》のしずまらないままに、龍馬《りょうま》は郷里《きょうり》の父《ちち》に手紙《てがみ》を書《か》いた。

――異国《いこく》の船《ふね》があちらこちらに姿《すがた》をあらわしているところを見《み》ますと、戦争《せんそう》も間近《まぢか》

だと思《おも》われます。そのときは、敵《てき》の首《くび》をうちとり、帰国《きこく》するつもりでおります。

なんと、威勢《いせい》のいい手紙《てがみ》だろう。まるで剣術《けんじゅつ》の試合《しあい》にでも出《で》かけるようだ。

土佐藩《とさはん》でも、千葉道場《ちばどうじょう》でも、開国反対《かいこくはんたい》の意見《いけん》が強《つよ》かったとはいえ、龍馬《りょうま》にはまだ、世界《せかい》の情勢《じょうせい》はもちろんのこと、この事件《じけん》の重大《じゅうだい》さもほとんどわかっていなかったのである。

翌《よく》1854（嘉永《かえい》7）年《ねん》1月《がつ》、ペリーの艦隊《かんたい》は7隻《せき》にふえて、ふたたび、江戸《えど》の内海《うちうみ》に姿《すがた》をあらわした。幕府《ばくふ》とペリーとの交渉《こうしょう》が始《はじ》まったが、幕府《ばくふ》はだんだん弱腰《よわごし》になり、3月《がつ》はじめには、下田《しもだ》と箱館《はこだて》（函館《はこだて》）の開港《かいこう》を約束《やくそく》するなりゆきになった。これを日米和親条約《にちべいわしんじょうやく》という。

このときも、龍馬《りょうま》たちは沿岸《えんがん》の警備《けいび》にかりだされ、龍馬《りょうま》は目《め》の前《まえ》に黒船《くろふね》を見《み》た。

――この黒船《くろふね》に勝《か》てるじゃろうか。

そんな考《かんが》えが、ふと頭《あたま》をよぎった。しかし龍馬《りょうま》にとっては、黒船《くろふね》とたたかうことよりも、剣術《けんじゅつ》の腕《うで》をみがくことのほうが大切《たいせつ》だった。

黒船《くろふね》のことはすぐにわすれて、龍馬《りょうま》はひたすら、剣術《けんじゅつ》のけいこにはげんだ。

世界《せかい》に目《め》を開《ひら》く

龍馬《りょうま》が1年《ねん》3か月《げつ》ぶりに故郷《こきょう》の土《つち》をふんだのは、1854（嘉永《かえい》7）年《ねん》6月末《がつすえ》であった。

「ほう、たくましゅうなったのう。」

父《ちち》や兄《あに》は、江戸《えど》の有名《ゆうめい》な道場《どうじょう》で1年間《ねんかん》きたえた龍馬《りょうま》の引《ひ》きしまった体《からだ》を見《み》つめて、満足《まんぞく》そうだった。友人《ゆうじん》たちも、つぎつぎにたずねてきた。

「道場《どうじょう》を開《ひら》いたらどうじゃ。」

と、みんなはすすめた。高知《こうち》の城下《じょうか》で道場《どうじょう》を開《ひら》けば、ぞくぞく、弟子《でし》が集《あつ》まってくるだろう。龍馬《りょうま》は、それだけの実力《じつりょく》を身《み》につけていた。

しかし、龍馬《りょうま》はこのまま、故郷《こきょう》にいすわる気持《きも》ちにはなれなかった。世《よ》の中《なか》は、はげしくゆれうごいている。ここでじっとしていていいものだろうか。高知《こうち》に帰《かえ》ってきてから、なぜかときどき、あのでっかい黒船《くろふね》の姿《すがた》が頭《あたま》にうかぶ。だが、なにをすればいいのかわからない。

ある日《ひ》、龍馬《りょうま》は、高知《こうち》の城下《じょうか》に住《す》む河田小龍《かわだしょうりょう》をたずねた。小龍《しょうりょう》の本業《ほんぎょう》は絵師《えし》（画家《がか》）だったが、外国《がいこく》について豊《ゆた》かな知識《ちしき》をもつ学者《がくしゃ》としても知《し》られていた。

2年《ねん》まえの1852（嘉永《かえい》5）年《ねん》、ジョン万次郎《まんじろう》の名《な》で知《し》られる中浜万次郎《なかはままんじろう》が、11年《ねん》ぶりに、アメリカから故郷《こきょう》の土佐《とさ》に帰《かえ》ってきた。万次郎《まんじろう》は土佐《とさ》の漁師《りょうし》で、15歳《さい》のとき、沖《おき》で強風《きょうふう》にあって漂流《ひょうりゅう》し、アメリカのほげい船《せん》にすくわれて、アメリカ本国《ほんごく》にわたった。そのほげい船《せん》がジョン・ハウランド号《ごう》といったので、ジョン・マン（ジョン万次郎《まんじろう》）とよばれるようになったのである。

当時《とうじ》、わが国《くに》はきびしい鎖国政策《さこくせいさく》をとっていたから、海外《かいがい》から帰《かえ》ってきた者《もの》はかならず取《と》り調《しら》べを受《う》けた。その後《ご》、土佐藩《とさはん》の命令《めいれい》で、万次郎《まんじろう》が持《も》ちかえった世界地図《せかいちず》の模写《もしゃ》を行《おこな》ったのが河田小龍《かわだしょうりょう》であった。このとき、小龍《しょうりょう》は万次郎《まんじろう》から英語《えいご》を習《なら》ったり、漂流時《ひょうりゅうじ》の話《はなし》を聞《き》いて本《ほん》にまとめたりしている。

龍馬《りょうま》がのっそり、姿《すがた》をあらわしたとき、

――坂本《さかもと》のばか息子《むすこ》が、なにをしに来《き》たのだろう。

小龍《しょうりょう》は、迷惑《めいわく》そうな顔《かお》をした。学問《がくもん》とは縁《えん》もゆかりもない男《おとこ》だと思《おも》っていたからである。ところが、龍馬《りょうま》は思《おも》いがけない質問《しつもん》をぶつけてきた。

「黒船《くろふね》がやってきてからというもの、開国《かいこく》するかどうかという論議《ろんぎ》がされていますが、それをどう思《おも》っちょられますか。」

小龍《しょうりょう》はぎくりとしたが、

「わたしは、町《まち》のかたすみに住《す》む絵描《えか》きじゃ。世《よ》の中《なか》のことにはうとい。なんで、意見《いけん》などあろうものか。」

と、わらってごまかそうとした。龍馬《りょうま》が江戸《えど》から帰《かえ》ってきてまもないことは、小龍《しょうりょう》も知《し》っている。江戸《えど》でしこんだ耳学問《みみがくもん》をひけらかしにきたのだと、小龍《しょうりょう》は思《おも》った。

しかし、龍馬《りょうま》は真剣《しんけん》だった。一歩《いっぽ》ひざを進《すす》めると、

「こんな大切《たいせつ》な時期《じき》に、のんびりしちょっていいものでしょうか。わしは、いまこそ、動《うご》かにゃいかんと思《おも》うとります。じゃが、なにをしていいのかわからん。それをひとつ、教《おし》えてくだされ。」

顔《かお》をまっ赤《か》にして言《い》った。それでも、小龍《しょうりょう》がだまっていると、

「わしは、本心《ほんしん》をつつみかくさずに話《はな》した。河田《かわだ》さん、おんしも本心《ほんしん》をしゃべってくだされ。」

と、龍馬《りょうま》はつめよった。どうやら本気《ほんき》らしい。そう思《おも》った小龍《しょうりょう》は、ゆっくり話《はな》しはじめた。

小龍《しょうりょう》はまず、ヨーロッパやアメリカの科学文明《かがくぶんめい》がどんなに発達《はったつ》しているかを説明《せつめい》した。目《め》をとじて、龍馬《りょうま》はそれを聞《き》いた。

「黒船《くろふね》を打《う》ちはらうなど、できっこない。さりとて、すぐに開港《かいこう》というわけにもいかん。開港《かいこう》するには、それなりの軍備《ぐんび》がなくてはならんが、いまの日本《にっぽん》にはそれがない。とくに海防《かいぼう》は、からきしだめじゃ。」

小龍《しょうりょう》の話《はなし》はだんだん熱《ねつ》がこもってきた。

「もし、戦争《せんそう》になったらどうじゃろう。大砲《たいほう》を何門《なんもん》もそなえた黒船《くろふね》と、日本《にっぽん》の軍船《ぐんせん》では、大人《おとな》と赤《あか》んぼうのけんかみたいなものじゃ。日本《にっぽん》が清国《しんこく》やルソン（フィリピン）のように、外国《がいこく》の属国《ぞっこく》にされてしまわぬともかぎらん。こんなことで、いいのか。わたしは、藩《はん》のおえら方《がた》に、これではいかんと、何度申《なんどもう》しいれたことか。じゃが、役人《やくにん》どもは聞《き》きいれようとはせん。」

小龍《しょうりょう》は、ため息《いき》をついた。

「そのとおりです。」

と、龍馬《りょうま》はうなずいた。

「指《ゆび》をくわえて、見《み》ていちゃいかん。河田《かわだ》さん、なんぞいい知恵《ちえ》はないもんじゃろうか。」

「うん。いい方法《ほうほう》がひとつある。」

今度《こんど》は、小龍《しょうりょう》が身《み》をのりだした。

「なにか商売《しょうばい》を始《はじ》めて、金《かね》をもうけ、外国《がいこく》の船《ふね》を1そう買《か》う。同志《どうし》をつのってこの船《ふね》に乗《の》りこみ、旅客《りょかく》や荷物《にもつ》を運《はこ》んで、金《かね》もうけをしながら航海術《こうかいじゅつ》を勉強《べんきょう》するのじゃ。間《ま》にあうか、あわんかわからんが、これしか方法《ほうほう》はない。やるしかないんじゃ。」

「わかりました。」

龍馬《りょうま》は、手《て》を打《う》ってよろこんだ。

「わしはこれまで、剣術《けんじゅつ》のけいこにはげんできたが、剣術《けんじゅつ》はひとりの敵《てき》をたおすだけのものです。これじゃ、大《おお》きな仕事《しごと》はできん。じゃが、船《ふね》は金《かね》があれば手《て》に入《はい》るが、人《ひと》はどうすれば集《あつ》まるじゃろうか。」

「さむらいとはかぎらん。」

と、小龍《しょうりょう》は言《い》った。

「日本《にっぽん》をどうにかしなくちゃいかんという志《こころざし》をもつ者《もの》なら、農民《のうみん》でも商人《しょうにん》でもいい。これからは、そういう時代《じだい》なのだ。」

龍馬《りょうま》は目《め》をかがやかせた。このときはじめて、龍馬《りょうま》の目《め》は、世界《せかい》に向《む》かって開《ひら》かれたのである。

「河田《かわだ》さんは、その同志《どうし》を集《あつ》めてください。わしは、船《ふね》を手《て》に入《い》れるきに。」

そう言《い》って、龍馬《りょうま》は小龍《しょうりょう》の家《いえ》をあとにした。

龍馬《りょうま》は、もののはずみで、そんな重大《じゅうだい》なことを約束《やくそく》したのではない。実際《じっさい》に、船《ふね》を買《か》う資金《しきん》を、父《ちち》に出《だ》してもらおうと考《かんが》えたこともあるが、外国船《がいこくせん》の値段《ねだん》は高《たか》い。それを言《い》いだせないうちに、翌年《よくねん》の暮《く》れ、父《ちち》は59歳《さい》で、この世《よ》を去《さ》った。

しかし、龍馬《りょうま》は約束《やくそく》をやぶるような男《おとこ》ではなかった。その約束《やくそく》は、10年《ねん》のちにはたされることになる。

父《ちち》が亡《な》くなった翌年《よくねん》、1856（安政《あんせい》3）年夏《ねんなつ》、龍馬《りょうま》は剣術修業《けんじゅつしゅぎょう》のため、ふたたび江戸《えど》に出《で》た。ちょうどそのころ、土佐藩《とさはん》でもっとも政治《せいじ》にめざめていた武市半平太《たけちはんぺいた》（号《ごう》は瑞山《ずいざん》）も、江戸《えど》に出発《しゅっぱつ》している。

このとき、半平太《はんぺいた》は28歳《さい》、龍馬《りょうま》は22歳《さい》。半平太《はんぺいた》は中位《ちゅうい》の身分《みぶん》のさむらいで、龍馬《りょうま》とは遠《とお》い親戚《しんせき》にあたり、ふたりは少年時代《しょうねんじだい》からの知《し》り合《あ》いだった。

しかし、性格《せいかく》は正反対《せいはんたい》で、頭《あたま》のよく切《き》れる秀才型《しゅうさいがた》の半平太《はんぺいた》は、のんびり型《がた》の龍馬《りょうま》にとって、苦手《にがて》なタイプだった。しかも、身長《しんちょう》は182センチメートルもあり、剣術《けんじゅつ》の腕前《うでまえ》も、龍馬《りょうま》に引《ひ》けをとらない。26歳《さい》で、高知《こうち》で道場《どうじょう》を開《ひら》いたほどだった。

江戸《えど》に出《で》た半平太《はんぺいた》は、鏡新明智流《きょうしんめいちりゅう》の桃井春蔵《もものいしゅんぞう》の道場《どうじょう》に入《はい》り、龍馬《りょうま》はまえと同《おな》じく、千葉定吉《ちばさだきち》の道場《どうじょう》でけいこをした。いずれも、江戸《えど》では有名《ゆうめい》な道場《どうじょう》である。

まもなく、半平太《はんぺいた》も龍馬《りょうま》も、道場《どうじょう》の塾頭《じゅくとう》になった。道場《どうじょう》でナンバーワンになり、先《せん》生《せい》とよばれるようになったのである。

剣術《けんじゅつ》の仲間《なかま》として、龍馬《りょうま》が長州藩《ちょうしゅうはん》の桂小五郎《かつらこごろう》(のちの木戸孝允《きどたかよし》)と知《し》りあったのもこのころである。小五郎《こごろう》は、世《よ》の中《なか》の動《うご》きをさぐるかたわら、神道無念流《しんとうむねんりゅう》の斎藤弥九《さいとうやく》郎《ろう》の道場《どうじょう》で、剣術《けんじゅつ》の修業《しゅぎょう》にはげんでいた。

1858(安政《あんせい》5)年正月《ねんしょうがつ》、龍馬《りょうま》は千葉定吉《ちばさだきち》から北辰一刀流《ほくしんいっとうりゅう》の免許皆伝《めんきょかいでん》を得《え》たと伝《つた》えられる。免許皆伝《めんきょかいでん》とは、先生《せんせい》が弟子《でし》に、技術《ぎじゅつ》のすべてを教《おし》えさずけることである。

いまや龍馬《りょうま》は、天下《てんか》で名《な》だたる剣術《けんじゅつ》の達人《たつじん》のひとりになったのである。そして、この年《とし》の秋《あき》、2年《ねん》ぶりに高知《こうち》に帰《かえ》ってきた。

このあいだにも、世《よ》の中《なか》ははげしくゆれうごいていた。

幕府《ばくふ》の切《き》り札《ふだ》といわれた井伊直弼《いいなおすけ》が大老《たいろう》になったのは、龍馬《りょうま》がまだ江戸《えど》にいた1858（安政《あんせい》5）年《ねん》の4月《がつ》であった。大老《たいろう》とは、実際《じっさい》に幕府《ばくふ》の政治《せいじ》をとりしきる役《やく》で、いまの首相《しゅしょう》にあたる。

大老《たいろう》になった井伊直弼《いいなおすけ》は、まもなく、朝廷《ちょうてい》のゆるしも受《う》けずに、アメリカと通商条約《つうしょうじょうやく》をとりむすんだ。日《ひ》ごろから、日本《にっぽん》は神《かみ》の国《くに》であり、朝廷《ちょうてい》が国《くに》の中心《ちゅうしん》であると考《かんが》えていた吉田松陰《よしだしょういん》らは、

「お上《かみ》（天皇《てんのう》）のゆるしも得《え》ないで、なにごとか。」

と、はげしくいかった。

水戸藩《みとはん》（茨城県《いばらきけん》）、福井藩《ふくいはん》をはじめ、井伊大老《いいたいろう》のやり方《かた》に反対《はんたい》する勢力《せいりょく》も、つぎつぎに立《た》ちあがろうとしていた。

そこで、井伊大老《いいたいろう》は、このさい、幕府《ばくふ》に反対《はんたい》する勢力《せいりょく》を根《ね》こそぎつぶしてしまおうと考《かんが》え、役人《やくにん》に命《めい》じて、開国反対派《かいこくはんたいは》で、しかも天皇《てんのう》を重《おも》んじる、いわゆる尊王攘夷派《そんのうじょういは》の志士《しし》たちをつぎつぎにとらえ、牢屋《ろうや》にぶちこんだ。橋本左内《はしもとさない》、梅田雲浜《うめだうんぴん》、頼三樹三郎《らいみきさぶろう》、吉田松陰《よしだしょういん》などである。そして、翌年《よくねん》、松陰《しょういん》ら8名《めい》に死刑《しけい》の判決《はんけつ》がくだった。これを安政《あんせい》の大獄《たいごく》という。

そうした動《うご》きを、龍馬《りょうま》はまったく知《し》らなかったわけではない。江戸《えど》にいるあいだも、武市半平太《たけちはんぺいた》や桂小五郎《かつらこごろう》などと、しばしば、日本《にっぽん》の将来《しょうらい》について論《ろん》じあっている。

水戸藩《みとはん》の尊王攘夷派《そんのうじょういは》のさむらいがふたり、はるばる高知《こうち》まで龍馬《りょうま》をたずねてきたのは、龍馬《りょうま》が故郷《こきょう》に帰《かえ》ってまもなくのことだった。土佐藩《とさはん》が入国《にゅうこく》をみとめなかったため、龍馬《りょうま》は伊予《いよ》（愛媛県《えひめけん》）と土佐《とさ》との国《くに》ざかいでふたりに会《あ》った。

「土佐《とさ》で、われわれの考《かんが》えを広《ひろ》めたいと思《おも》ってやってきました。どうか、入国《にゅうこく》の許可《きょか》がとれるようにとりはからってほしい。」

と、水戸藩《みとはん》のさむらいはたのんだが、龍馬《りょうま》はだまったままである。

「土佐藩《とさはん》のようすはどうですか。」

とたずねても、

「まあ、いろいろじゃ。」

じつにあいまいな返事《へんじ》しかしない。ふたりは、すっかり失望《しつぼう》して立《た》ちさった。

剣術《けんじゅつ》では名《な》を知《し》られているとはいえ、身分《みぶん》のひくい龍馬《りょうま》には、藩《はん》を動《うご》かす力《ちから》などはない。だから、悪《わる》いとは思《おも》いながらだまっていたのである。しかし、龍馬《りょうま》が世《よ》の中《なか》の新《あたら》しい動《うご》きを、まだきちんとつかんでいなかったことも事実《じじつ》だった。

「やはり、勉強《べんきょう》しなきゃいかん。」

そうして龍馬《りょうま》は、すこしずつ本《ほん》を読《よ》みはじめた。24歳《さい》になったころのことである。

土佐《とさ》の国《くに》をぬけだす

「龍馬《りょうま》が本《ほん》を読《よ》んじょる。」

そんなうわさが、町《まち》のわかいさむらいたちの間《あいだ》につたわると、

「きっと、さかさまに読《よ》んどるんじゃろ。」

「どれ、ひとつ見《み》にいくか。」

なかには、ひやかし半分《はんぶん》に、龍《りょう》馬《ま》の家《いえ》をのぞきに来《く》る者《もの》もいた。

そんなある日《ひ》、町《まち》の蘭学塾《らんがくじゅく》に、のっそり龍《りょう》馬《ま》が姿《すがた》をあらわした。おおぜいの生徒《せいと》を前《まえ》に、先生《せんせい》がオランダの書物《しょもつ》を訳《やく》しながら講義《こうぎ》をしていた。

「ちょっくら、ごめん。」

いちばん後《うし》ろにすわると、龍《りょう》馬《ま》も講義《こうぎ》に耳《みみ》をかたむけた。いつものくせで、鼻毛《はなげ》をぬいたり、うつらうつらしたりしていたが、

「先生《せんせい》、ちょっと待《ま》ってくだされ。」

いきなり、龍《りょう》馬《ま》が手《て》をあげた。みんなはおどろいて、いっせいにふりかえった。

「そこは、訳《やく》がまちがっちょります。」

「まちがっちょるって。」

先生《せんせい》はかっとなった。

「おんし、オランダ語《ご》が読《よ》めるのか。」

「オランダ語《ご》は読《よ》めんが、その訳《やく》じゃ、理屈《りくつ》が通《とお》らん。もう一度《いちど》、訳《やく》してみてつかされ。」

龍馬《りょうま》は、自信《じしん》たっぷりである。その勢《いきお》いにおされて、先生《せんせい》がよくよく原文《げんぶん》を読《よ》みかえしてみると、たしかに訳《やく》しまちがえていた。

「おんしの言《い》うとおりじゃ。」

先生《せんせい》は素直《すなお》にあやまり、その部分《ぶぶん》を訳《やく》しなおした。みんなはあっけにとられた。

自分《じぶん》のあやまちをみとめた先生《せんせい》もえらいが、先生《せんせい》の教《おし》えをひたすら正《ただ》しいと信《しん》じているガリ勉型《べんがた》の生徒《せいと》には、とてもこのような思《おも》いきった質問《しつもん》はできなかっただろう。

龍馬《りょうま》は、落《お》ちこぼれの生徒《せいと》だったからこそ、「おかしい」ことをはっきり「おかしい」と言《い》えたのである。

この蘭学塾《らんがくじゅく》で、龍馬《りょうま》は、ヨーロッパでは人民《じんみん》が選挙《せんきょ》で代表《だいひょう》を国会《こっかい》に送《おく》り、その国会《こっかい》が政治《せいじ》を行《おこな》う制度《せいど》のあることを知《し》った。

「すばらしいのう。」

龍馬《りょうま》は、ひどく感動《かんどう》した。このとき、民主政治《みんしゅせいじ》のしくみを知《し》ったことが、のちの龍《りょう》馬《ま》の行動《こうどう》に大《おお》きな影響《えいきょう》をあたえることになる。

同《おな》じころ、龍馬《りょうま》は西洋流砲術家《せいようりゅうほうじゅつか》に弟子入《でしい》りして、砲術《ほうじゅつ》も学《まな》んでいる。「なにをすればよいか」をさぐるために、龍馬《りょうま》はマイペースで、いろいろなことを勉強《べんきょう》しはじめたのだった。

江戸《えど》の桜田門外《さくらだもんがい》で、大老井伊直弼《たいろういいなおすけ》が水戸藩《みとはん》の浪士《ろうし》たちによって暗殺《あんさつ》されたのは、1860（万延《まんえん》1）年《ねん》3月《がつ》で、龍馬《りょうま》が蘭学塾《らんがくじゅく》に通《かよ》っていたころである。この重大《じゅうだい》ニュースは、10日《とおか》もたたぬうちに土佐《とさ》にもとどいた。

「まさか。」

最初《さいしょ》、人《ひと》びとは耳《みみ》をうたがったが、やがてほんとうだとわかると、

「幕府《ばくふ》の力《ちから》も、そこまでおとろえたか。」

と思《おも》った。いまの首相《しゅしょう》にあたる幕府《ばくふ》の大老《たいろう》が、江戸城《えどじょう》の近《ちか》くでまっ昼間《ぴるま》におそわれ、かんたんに切《き》りころされてしまったのである。

井伊大老《いいたいろう》の暗殺《あんさつ》がきっかけで、長州藩《ちょうしゅうはん》や薩摩藩《さつまはん》（鹿児島県《かごしまけん》）を中心《ちゅうしん》に、攘夷派《じょういは》の勢力《せいりょく》が日《ひ》ましに強《つよ》まってきた。長州藩《ちょうしゅうはん》も薩摩藩《さつまはん》も、260年《ねん》まえの関ケ原《せきがはら》の戦《たたか》いで豊臣方《とよとみがた》につき、徳川方《とくがわがた》にやぶれた歴史《れきし》があるので、幕府《ばくふ》にうらみをもっている。幕府《ばくふ》の力《ちから》が弱《よわ》まったいまは、そのうらみを晴《は》らす絶好《ぜっこう》のチャンスでもあった。

土佐藩《とさはん》はどうであったか。そのころの土佐藩《とさはん》では、尊王攘夷派《そんのうじょういは》と開国佐幕派《かいこくさばくは》［5］と公武合体派《こうぶがったいは》［6］の3つに分《わ》かれて、あらそっていた。藩主《はんしゅ》の山内容堂《やまうちようどう》（豊信《とよしげ》）は、熱心《ねっしん》な公武合体派《こうぶがったいは》だった。

土佐藩《とさはん》の場合《ばあい》は、長州《ちょうしゅう》や薩摩《さつま》とはちがい、藩主《はんしゅ》をはじめ身分《みぶん》の高《たか》い武士《ぶし》たちは、徳川家《とくがわけ》に恩《おん》のある人《ひと》たちだったから、幕府《ばくふ》を敵《てき》に回《まわ》すことはできなかった。そこで開国佐幕派《かいこくさばくは》か、公武合体派《こうぶがったいは》の立場《たちば》をとったのである。天皇《てんのう》を尊《とうと》び外国人《がいこくじん》を打《う》ちはらうことを目指《めざ》す尊王攘夷派《そんのうじょういは》は、郷士《ごうし》など、身分《みぶん》のひくい武士《ぶし》がほとんどだった。そのリーダーが、武市半平太《たけちはんぺいた》だった。

武市半平太《たけちはんぺいた》は、１８６１（文久《ぶんきゅう》１）年《ねん》８月《がつ》、江戸《えど》で土佐勤王党《とさきんのうとう》を結成《けっせい》し、７名《めい》の同《どう》志《し》を獲得《かくとく》した。吉田松陰《よしだしょういん》らと同《おな》じように、日本《にっぽん》は神《かみ》の国《くに》であるから、神《かみ》である天皇《てんのう》を中心《ちゅうしん》とする国《くに》をつくり、天皇《てんのう》の下《もと》で幕府《ばくふ》が先頭《せんとう》に立《た》って外国《がいこく》の勢力《せいりょく》を追《お》いださなければならないというのが、武市《たけち》の考《かんが》えであった。

土佐《とさ》にもどってきた武市《たけち》は、すぐさま龍馬《りょうま》をたずね、

「おんしも、仲間《なかま》になってくれ。」

とたのんだ。

「土佐藩《とさはん》を尊王攘夷《そんのうじょうい》一本《いっぽん》にまとめる。そして長州《ちょうしゅう》、薩摩《さつま》と手《て》を組《く》んで、目的《もくてき》をとげるのじゃ。」


［５］倒幕派《とうばくは》に対《たい》し、幕府《ばくふ》を支持《しじ》し、開国《かいこく》に賛成《さんせい》するグループ。

［６］朝廷《ちょうてい》の権威《けんい》と結《むす》びつき、幕府《ばくふ》を立《た》てなおそうとする立場《たちば》。

いきおいこんで話《はな》す武市《たけち》に、

「さあ、そんなことができるかのう。」

と、龍馬《りょうま》は水《みず》をさした。武市半平太《たけちはんぺいた》の考《かんが》えに、龍馬《りょうま》は全面的《ぜんめんてき》には賛成《さんせい》できなかった。

しかし、龍馬《りょうま》は土佐勤王党《とさきんのうとう》に参加《さんか》した。国《くに》もとでの最初《さいしょ》の参加者《さんかしゃ》だった。

その後《ご》、参加者《さんかしゃ》はぞくぞくふえて、200名近《めいちか》くにも達《たっ》した。そのほとんどが、身《み》分《ぶん》のひくい武士《ぶし》であった。

翌年《よくねん》の1862（文久《ぶんきゅう》2）年《ねん》1月《がつ》、龍馬《りょうま》は武市《たけち》の手紙《てがみ》を持《も》って、長州《ちょうしゅう》の萩《はぎ》に久坂玄《くさかげん》瑞《ずい》をたずねた。久坂《くさか》は吉田松陰《よしだしょういん》の弟子《でし》で、長州藩《ちょうしゅうはん》の尊王攘夷派《そんのうじょういは》のリーダーである。師《し》の松陰《しょういん》は、すでに処刑《しょけい》されて、この世《よ》にはいなかった。

「長州《ちょうしゅう》も尊王攘夷《そんのうじょうい》一本《いっぽん》にまとめることはむずかしい。」

と、久坂《くさか》はため息《いき》をついた。

長州藩《ちょうしゅうはん》でも、このころ公武合体派《こうぶがったいは》が勢力《せいりょく》を広《ひろ》げ、久坂《くさか》をはじめ、高杉晋作《たかすぎしんさく》、桂小五《かつらこご》郎《ろう》などの攘夷派《じょういは》は、じゃま者《もの》あつかいされはじめていたのである。

「もう大名《だいみょう》たちをあてにしてもだめだ。神州日本《しんしゅうにっぽん》を守《まも》るためなら、長州藩《ちょうしゅうはん》も土佐藩《とさはん》もつぶれてもかまわないではないか。」

23歳《さい》の青年《せいねん》久坂玄瑞《くさかげんずい》は、熱《ねつ》っぽく語《かた》った。

龍馬《りょうま》は、武市半平太《たけちはんぺいた》や久坂《くさか》とはちがい、日本《にっぽん》を神《かみ》の国《くに》だなどとは考《かんが》えていない。しかし、藩《はん》のことにこだわっていてはなにもできないという考《かんが》えには、賛成《さんせい》だったから、

「まっこと、そのとおりじゃ。」

と、大《おお》きくうなずいた。

2月《がつ》の末《すえ》、高知《こうち》に帰《かえ》ってくると、

「いよいよ、吉田東洋《よしだとうよう》を切《き》るぞ。」

武市《たけち》は、龍馬《りょうま》にそう打《う》ちあけた。吉田東洋《よしだとうよう》は、土佐藩《とさはん》の重役《じゅうやく》で、土佐勤王党《とさきんのうとう》と対立《たいりつ》する公武合体派《こうぶがったいは》の中心人物《ちゅうしんじんぶつ》であった。

「東洋《とうよう》を切《き》って、なんになる？」

「いくら話《はな》してても、わかってくれん。土佐藩《とさはん》を一本《いっぽん》にまとめるためには、どうしても切《き》らなきゃならんのじゃ。」

「じゃが、東洋《とうよう》がいなくなっても、殿《との》さまがおる。いくらおんしでも、殿《との》さまは切《き》れんじゃろう。」

龍馬《りょうま》に問《と》いつめられて、武市《たけち》はだまった。武市《たけち》の気持《きも》ちは、龍馬《りょうま》にはよくわかった。だが、龍馬《りょうま》は吉田東洋《よしだとうよう》の暗殺《あんさつ》にくわわるつもりはない。藩《はん》にこだわっていると、大局《たいきょく》を見《み》うしなってしまう。

「わしは、わしの道《みち》を行《い》く。」

ぼうぼうにのばした長《なが》い髪《かみ》をかきあげると、龍馬《りょうま》はのっそり立《た》ちあがった。

3月《がつ》24日夜《かよる》、龍馬《りょうま》は藩《はん》にとどけを出《だ》さずに、土佐《とさ》から姿《すがた》を消《け》した。これを脱藩《だっぱん》という。軍隊《ぐんたい》の脱走《だっそう》にあたり、もし見《み》つかったら、へたをすると死刑《しけい》である。

だから、脱藩《だっぱん》は命《いのち》がけだった。これより先《さき》、3月6日《がつむいか》には、武市半平太《たけちはんぺいた》がもっとも信頼《しんらい》していた土佐勤王党《とさきんのうとう》の吉村虎太郎《よしむらとらたろう》も脱藩《だっぱん》していた。全国《ぜんこく》の尊王攘夷派《そんのうじょういは》が力《ちから》を合《あ》わせ、一日《いちにち》も早《はや》く幕府《ばくふ》をたおすというのが吉村《よしむら》の考《かんが》えだった。

龍馬《りょうま》の脱藩《だっぱん》を知《し》った武市《たけち》は、

「龍馬《りょうま》はしょせん、土佐《とさ》の国《くに》にはおさまりきれぬやつじゃ。」

と、ちょっぴりさびしそうに言《い》ったという。

その武市《たけち》の同志《どうし》たちが、高知城《こうちじょう》の近《ちか》くで、吉田東洋《よしだとうよう》を暗殺《あんさつ》したのは、それからまもない、4月8日夜《がつようかよる》のことであった。

勝海舟《かつかいしゅう》に出会《であ》う

土佐《とさ》をとびだした龍馬《りょうま》は、長州《ちょうしゅう》の下関《しものせき》へ向《む》かった。下関《しものせき》には、海運業《かいうんぎょう》をいとなむ白《しら》石正一郎《いししょういちろう》［7］の屋敷《やしき》がある。

白石《しらいし》は、学問《がくもん》のある商人《しょうにん》として知《し》られ、全国《ぜんこく》の尊王攘夷派《そんのうじょういは》の志士《しし》たちを、かげで援《えん》助《じょ》していた。吉村虎太郎《よしむらとらたろう》も、ここをたずねているはずであった。

しかし、吉村《よしむら》は、下関《しものせき》の白石《しらいし》の屋敷《やしき》を後《あと》にし、すでに京都《きょうと》に出発《しゅっぱつ》したあとだった。薩摩藩《さつまはん》の島津久光《しまづひさみつ》が、1000の兵《へい》をひきいて京都《きょうと》に向《む》かったという知《し》らせを聞《き》いて、いまこそ、薩摩藩《さつまはん》の尊王攘夷派《そんのうじょういは》と手《て》を組《く》み、幕府《ばくふ》をたおすチャンスだと考《かんが》えたのだった。

龍馬《りょうま》はそのことを知《し》ったが、京都《きょうと》とは反対《はんたい》の方角《ほうがく》の九州《きゅうしゅう》にわたった。

——幕府《ばくふ》の力《ちから》は、まだまだ強《つよ》いのに、反対派《はんたいは》の勢力《せいりょく》はバラバラのままだ。だいいち、公武合体派《こうぶがったいは》の島津久光《しまづひさみつ》が、幕府《ばくふ》にはむかうはずがないではないか。吉村《よしむら》たちのくわだては、きっと失敗《しっぱい》するだろう。

というのが、龍馬《りょうま》の考《かんが》えであった。

九州《きゅうしゅう》にわたった龍馬《りょうま》は、薩摩《さつま》目指《めざ》して旅《たび》をつづけた。薩摩藩《さつまはん》の動《うご》きを、この目《め》でたしかめたかったからである。薩摩藩《さつまはん》は、いち早《はや》く外国《がいこく》の技術《ぎじゅつ》をとりいれて、反射炉《はんしゃろ》をそなえ、大型《おおがた》の船《ふね》も持《も》っているという。それらも見《み》たかった。

だが、薩摩《さつま》は、日本《にっぽん》の中《なか》のもうひとつの鎖国《さこく》といわれるほど、人《ひと》の出入《でい》りにきびしいところである。国境《こっきょう》の警備《けいび》をくぐりぬけて入国《にゅうこく》することは、とてもむりだった。

そのころ、京都《きょうと》では、薩摩藩《さつまはん》をはじめ、全国各地《ぜんこくかくち》の尊王攘夷派《そんのうじょういは》の志士《しし》たちが、幕府《ばくふ》をたおす作戦《さくせん》をねっていた。吉村虎太郎《よしむらとらたろう》もそのひとりだった。

4月《がつ》23日《にち》、有馬新七《ありましんしち》ら薩摩藩《さつまはん》の尊王攘夷派《そんのうじょういは》の志士《しし》たちが、京都伏見《きょうとふしみ》の、寺田屋《てらだや》という旅館《りょかん》でひそかに会合《かいごう》をしているところへ、島津久光《しまづひさみつ》の命令《めいれい》を受《う》けた薩摩藩士《さつまはんし》たちが切《き》りこんできて、6名《めい》が殺《ころ》され、計画《けいかく》はあっけなくついえた。これを寺田屋事件《てらだやじけん》という。

久光《ひさみつ》には、幕府《ばくふ》をたおす気持《きも》ちなど、これっぽちもなかったのである。龍馬《りょうま》の予想《よそう》したとおりだった。


［7］１８１２～１８８０年《ねん》。下関《しものせき》で米《こめ》から材木《ざいもく》まで手広《てびろ》く扱《あつか》う廻船問屋《かいせんとんや》を営《いとな》んだ。薩摩藩《さつまはん》の御用達《ごようたし》とよばれたが、長州藩《ちょうしゅうはん》の高杉晋作《たかすぎしんさく》とも親交《しんこう》があった。多《おお》くの幕末《ばくまつ》の志士《しし》たちを資金面《しきんめん》で援助《えんじょ》した。

このとき、吉村《よしむら》は寺田屋《てらだや》にはいなかったが、まもなく薩摩藩《さつまはん》の手《て》でとらえられて、高知《こうち》に送《おく》りかえされ、牢屋《ろうや》につながれることになった。

龍馬《りょうま》が三《み》たび江戸《えど》に姿《すがた》をあらわしたのは、この年《とし》の秋《あき》であった。約半年《やくはんとし》、旅《たび》をつづけた龍馬《りょうま》は、まっ黒《くろ》に日焼《ひや》けしていた。

——日本《にっぽん》は、いったい、どうなるのだろう。力《ちから》は弱《よわ》くなったとはいえ、実際《じっさい》に日本《にっぽん》を動《うご》かしているのは幕府《ばくふ》だ。そうだ、幕府《ばくふ》のおえら方《がた》に会《あ》ってみよう。

千葉道場《ちばどうじょう》に身《み》をよせた龍馬《りょうま》は、さっそく、幕府《ばくふ》の政事総裁職《せいじそうさいしょく》をしている松平慶永《まつだいらよしなが》に会《あ》いにいった。慶永《よしなが》は号《ごう》を春嶽《しゅんがく》といい、元福井藩主《もとふくいはんしゅ》で、幕府《ばくふ》ではもっとも進《すす》んだ考《かんが》えをもっている人《ひと》だといわれていた。

政事総裁職《せいじそうさいしょく》といえば、いまの首相《しゅしょう》である。龍馬《りょうま》のような、名《な》もない男《おとこ》に会《あ》ってくれるだろうか。

ところが、慶永《よしなが》は気《き》がるに会《あ》ってくれたばかりか、

「きみの考《かんが》えはおもしろい。ぜひ、会《あ》ってほしい人《ひと》がいる。」

と言《い》って、勝海舟《かつかいしゅう》に紹介状《しょうかいじょう》まで書《か》いてくれた。

勝海舟《かつかいしゅう》の名《な》は、龍馬《りょうま》も知《し》っていた。海舟《かいしゅう》とは号《ごう》で、本名《ほんみょう》は勝麟太郎《かつりんたろう》。このとき40歳《さい》で、幕府《ばくふ》の軍艦奉行並《ぐんかんぶぎょうなみ》であった。

海舟《かいしゅう》は、まずしい武士《ぶし》の子《こ》として江戸《えど》に生《う》まれたが、蘭学《らんがく》をおさめ、その才能《さいのう》が幕《ばく》府《ふ》にみとめられて、長崎《ながさき》に派遣《はけん》され、オランダの士官《しかん》から軍艦《ぐんかん》の航海術《こうかいじゅつ》を学《まな》んだ。そして1860（万延《まんえん》1）年《ねん》には、自《みずか》ら艦長《キャプテン》として咸臨丸《かんりんまる》に乗《の》りこみ、太平洋《たいへいよう》の荒波《あらなみ》をのりこえて、アメリカにわたった。日本人《にほんじん》が日本《にっぽん》の船《ふね》をあやつって、太平洋《たいへいよう》を往復《おうふく》したのは、これが最初《さいしょ》である。

龍馬《りょうま》が海舟《かいしゅう》に会《あ》いにいくと知《し》って、

「ぜひ、おれもつれていってくれ。」

親友《しんゆう》の千葉重太郎《ちばじゅうたろう》が、目《め》の色《いろ》をかえてたのみにきた。

幕府《ばくふ》きっての外国通《がいこくつう》の海舟《かいしゅう》は、いうまでもなく開国論者《かいこくろんしゃ》である。いっぽう、龍馬《りょうま》と重太郎《じゅうたろう》は攘夷派《じょういは》で、ことに重太郎《じゅうたろう》は、武市半平太《たけちはんぺいた》におとらない熱心《ねっしん》な尊王攘夷派《そんのうじょういは》であった。

「事《こと》と次第《しだい》によっては、あの西洋《せいよう》かぶれをたたききってやる。」

目《め》をらんらんと光《ひか》らせて、重太郎《じゅうたろう》は刀《かたな》のつかに手《て》をやった。

「うん。切《き》らなくちゃならんかもしれん。」

と、龍馬《りょうま》もうなずいた。

秋風《あきかぜ》の立《た》ちはじめたある朝《あさ》、ふたりは、赤坂《あかさか》の勝海舟《かつかいしゅう》の屋敷《やしき》をおとずれた。［8］

玄関《げんかん》に出《で》てきた海舟《かいしゅう》は、

「おまえさんたち、おれを切《き》りにきたんだろう。」

いきなり、歯切《はぎ》れのいい江戸弁《えどべん》で言《い》った。

龍馬《りょうま》と重太郎《じゅうたろう》は、どんなにおどろいたことだろう。しかも、小柄《こがら》で色《いろ》のあさ黒《ぐろ》い海《かい》舟《しゅう》は、にこやかにほほえんでいる。どぎもをぬかれるとは、このことだった。

「だが、坂本君《さかもとくん》と千葉君《ちばくん》、まあ、あがってわたしの話《はなし》を聞《き》きなさい。切《き》るのは、それからでもおそくない。」

居間《いま》に案内《あんない》されたふたりは、先生《せんせい》にしかられた生徒《せいと》のように、海舟《かいしゅう》の前《まえ》にかしこまってすわった。

「おまえさんたちは、黒船《くろふね》におどされ、朝廷《ちょうてい》のゆるしも得《え》ないで、アメリカと条約《じょうやく》をむすんだ幕府《ばくふ》をけしからんと思《おも》って、この勝《かつ》を切《き》りにきた。その気持《きも》ちは、わたしにもよくわかる。しかし、いまの日本《にっぽん》の実力《じつりょく》で、はたして開国《かいこく》をせまる外国《がいこく》の軍艦《ぐんかん》を追《お》いはらうことができるかね。」

海舟《かいしゅう》は、おだやかに話《はな》しはじめた。龍馬《りょうま》も重太郎《じゅうたろう》も、くちびるをかみしめはしたものの、その質問《しつもん》に答《こた》えることができない。

「どう考《かんが》えても、攘夷《じょうい》なんて、できっこないよ。大人《おとな》と赤《あか》んぼうのけんかだもの。だから、くやしいけれど、外国《がいこく》に頭《あたま》をさげながら、一日《いちにち》も早《はや》く、日本《にっぽん》の海軍《かいぐん》の力《ちから》を強《つよ》く

[8] 龍馬《りょうま》がはじめて勝海舟《かつかいしゅう》と会《あ》ったのは、10月《がつ》ごろとされていたが、近年《きんねん》では、12月上旬《がつじょうじゅん》とする説《せつ》が有力《ゆうりょく》である。

することに全力《ぜんりょく》を注《そそ》ぐ。それしか、方法《ほうほう》はない。」

そう前置《まえお》きしてから、海舟《かいしゅう》は、海外《かいがい》の情勢《じょうせい》と、いま行《おこな》われようとしている攘夷《じょうい》が国《くに》をほろぼすことを、立《た》て板《いた》に水《みず》を流《なが》すように、すらすらとのべた。そして最後《さいご》にもう一度《いちど》、いまわが国《くに》に必要《ひつよう》なのは、近代的《きんだいてき》な軍備《ぐんび》をととのえて開国《かいこく》することだと説《と》いた。

龍馬《りょうま》は、8年《ねん》まえに、高知《こうち》で河田小龍《かわだしょうりょう》に会《あ》ったときのことを思《おも》いだした。小龍《しょうりゅう》も、海舟《かいしゅう》と同《おな》じ意見《いけん》の持《も》ち主《ぬし》だったが、実際《じっさい》に海《うみ》をわたり、アメリカを見《み》てきた海舟《かいしゅう》の話《はなし》のほうが、はるかに説得力《せっとくりょく》があった。龍馬《りょうま》は、目《め》の前《まえ》のもやもやしたものが、いっぺんにふきとんだような気《き》がした。

「勝先生《かつせんせい》。」

長《なが》い髪《かみ》をかきあげて、龍馬《りょうま》は言《い》った。

「わしらは、先生《せんせい》を切《き》るつもりでした。じゃが、先生《せんせい》の話《はなし》を聞《き》いて、自分《じぶん》の考《かんが》えがまちがっちょったことが、ようわかりました。どうか、今日《きょう》からわしを弟子《でし》にしてくだ

さい。」
龍馬《りょうま》は両手《りょうて》をつき、ふかぶかと頭《あたま》をさげた。その後《うし》ろで、重太郎《じゅうたろう》も頭《あたま》をさげた。

長《なが》いあいださがしもとめていたものを、龍馬《りょうま》はこの朝《あさ》、勝海舟《かつかいしゅう》によって教《おし》えられたのである。そして、このときから、坂本龍馬《さかもとりょうま》の大活躍《だいかつやく》が始《はじ》まる。

2 明日《あす》の日本《にっぽん》のために

日本《にっぽん》の洗濯《せんたく》をするんじゃ

勝海舟《かつかいしゅう》のもとに入門《にゅうもん》してしばらくたった。1862（文久《ぶんきゅう》2）年《ねん》12月末《がつすえ》、龍馬《りょうま》は、兵庫《ひょうご》の神戸《こうべ》にいた。神戸《こうべ》で海舟《かいしゅう》の片腕《かたうで》となって、海軍操練所《かいぐんそうれんじょ》をつくるためである。海《かい》舟《しゅう》は、幕府《ばくふ》の軍艦順動丸《ぐんかんじゅんどうまる》に乗《の》って、神戸《こうべ》に来《き》ていた。順動丸《じゅんどうまる》は、幕府《ばくふ》がイギリスから買《か》いいれたばかりの400トンの新型艦《しんがたかん》である。

順動丸《じゅんどうまる》には、海舟《かいしゅう》の門下生《もんかせい》のほか、土佐《とさ》の龍馬《りょうま》の仲間《なかま》たちが、兵庫《ひょうご》からおおぜい乗《の》りこんでいた。

「いっしょに、海軍《かいぐん》をやらんか。」

と、龍馬《りょうま》がさそっていたのである。土佐勤王党《とさきんのうとう》の仲間《なかま》もいれば、河田小龍《かわだしょうりょう》の弟子《でし》たちもいた。龍馬《りょうま》は、身分《みぶん》にとらわれず、ひとりでも多《おお》くの若者《わかもの》に、航海術《こうかいじゅつ》と海外《かいがい》の新知《しんち》識《しき》を学《まな》ばせようと考《かんが》えたのだった。

そのころ、龍馬《りょうま》は姉《あね》の乙女《おとめ》にこんな手紙《てがみ》を書《か》いた。乙女《おとめ》は、高知《こうち》の医者《いしゃ》の家《いえ》にとついでいた。

——わたしはさいきん、天下一《てんかいち》の軍学者《ぐんがくしゃ》、勝麟太郎《かつりんたろう》という大先生《だいせんせい》の門下生《もんかせい》になり、ことのほか、かわいがられています。近《ちか》いうちに、兵庫《ひょうご》というところで、海軍《かいぐん》を教《おし》える塾《じゅく》をつくり、また、四十間《けん》五十間《けん》(72〜90メートル)もある船《ふね》をこしらえ、弟子《でし》も四、五百人《にん》も、ほうぼうから集《あつ》まることになっています……。

そして、手紙《てがみ》の最後《さいご》には、

——エヘン、エヘン、かしこ。

と書《か》いている。龍馬《りょうま》の得意《とくい》そうな顔《かお》が、目《め》に見《み》えるようではないか。

手紙《てがみ》にもあるように、龍馬《りょうま》は海舟《かいしゅう》を手助《てだす》けするために、全力《ぜんりょく》をつくしていた。資金《しきん》を集《あつ》めたり、連絡《れんらく》をとるために、この1年間《ねんかん》で、4回《かい》も江戸《えど》と大坂《おおざか》の間《あいだ》を往復《おうふく》している。

海舟《かいしゅう》は、土佐《とさ》藩主《はんしゅ》山内容堂《やまうちようどう》とは知《し》り合《あ》いだったので、

「坂本龍馬《さかもとりょうま》の脱藩《だっぱん》の罪《つみ》をゆるしてほしい。」

とたのみこむと、容堂《ようどう》はあっさりゆるしてくれた。身分《みぶん》のひくい龍馬《りょうま》のことなど、容《よう》堂《どう》は気《き》にもかけていなかったのである。

「海《うみ》はいいなあ。」

その龍馬《りょうま》は、今日《きょう》も軍艦《ぐんかん》を乗《の》りまわしていた。釜《かま》たきもやれば、マストにも登《のぼ》った。かじをにぎることもあった。

太平洋《たいへいよう》の荒波《あらなみ》を見《み》て育《そだ》った龍馬《りょうま》である。海《うみ》にのりだしているときが、いちばん楽《たの》しかった。

ところで、世《よ》の中《なか》の動《うご》きはどうなっていたか。

――5月10日《がつとおか》を期《き》して、攘夷《じょうい》を決行《けっこう》し、外国《がいこく》の勢力《せいりょく》を追《お》いはらうことにします。

14代《だい》将軍《しょうぐん》家茂《いえもち》が、朝廷《ちょうてい》にそう約束《やくそく》したのは、1863（文久《ぶんきゅう》3）年《ねん》の4月《がつ》のことで

ある。そして各藩《かくはん》には、

――外国《がいこく》の船《ふね》がせめてきたら、追《お》いはらえ。

というおふれを出《だ》した。

この幕府《ばくふ》の決定《けってい》は、つじつまの合《あ》わぬことだった。幕《ばく》府《ふ》はすでに、長崎《ながさき》、神奈川《かながわ》（横浜《よこはま》）、箱館《はこだて》を開港《かいこう》し、外国《がいこく》と貿易《ぼうえき》を始《はじ》めていた。下田《しもだ》（静岡県《しずおかけん》）や神奈川《かながわ》には、外《がい》国《こく》の領事館《りょうじかん》もある。

開国《かいこく》がここまで進《すす》んでしまっては、いまさらどうすることもできないことを、幕府《ばくふ》はよく知《し》っていた。攘夷派《じょういは》の勢《いきお》いにおされて、おふれを出《だ》したものの、まさかそんなことができるはずがないと思《おも》っていた。

ところが、本気《ほんき》で外国《がいこく》とたたかおうと考《かんが》えている藩《はん》があった。尊王攘夷派《そんのうじょういは》がふたたび勢力《せいりょく》をのばしてきた長州藩《ちょうしゅうはん》である。

5月10日《がつとおか》の真夜中《まよなか》、たまたまアメリカの商船《しょうせん》が、横浜《よこはま》から長崎《ながさき》へ向《む》かう途中《とちゅう》、関門《かんもん》海峡《かいきょう》に入《はい》ってきたのを見《み》て、長州藩《ちょうしゅうはん》の軍艦《ぐんかん》が大砲《たいほう》をうちかけ、商船《しょうせん》はあわててにげさった。指図《さしず》をしたのは、久坂玄瑞《くさかげんずい》であった。

日本《にっぽん》が外国《がいこく》とたたかったのは、1597（慶長《けいちょう》2）年《ねん》に豊臣秀吉《とよとみひでよし》が朝鮮《ちょうせん》にせめいって以来《いらい》、なんと260年《ねん》ぶりのことである。

つづいて5月《がつ》23日《にち》には、フランスの軍艦《ぐんかん》が、26日《にち》にはオランダの軍艦《ぐんかん》が、関門海峡《かんもんかいきょう》にさしかかったとき、陸地《りくち》の砲台《ほうだい》から、弾丸《だんがん》をあびせられた。2隻《せき》とも、やっとのことでにげだしたが、フランス艦《かん》は5名《めい》、オランダ艦《かん》は20名《めい》の死傷者《ししょうしゃ》を出《だ》した。

「やった、やった、やったぞ！」

久坂《くさか》らは、作戦《さくせん》が大成功《だいせいこう》をおさめたので、大喜《おおよろこ》びだった。

だが、それはつかのまの喜《よろこ》びだった。外国《がいこく》の軍艦《ぐんかん》が仕返《しかえ》しに来《き》たからである。

6月《がつ》1日《ついたち》、まずアメリカの軍艦《ぐんかん》が下関《しものせき》をおそい、長州藩《ちょうしゅうはん》の軍艦《ぐんかん》を3隻《せき》、たちまち海《うみ》の底《そこ》にしずめた。

6月《がつ》5日《いつか》には、フランスの軍艦《ぐんかん》が2隻《せき》あらわれ、大砲《たいほう》をうちまくって陸地《りくち》の砲台《ほうだい》をうちこわし、陸戦隊《りくせんたい》がボートで上陸《じょうりく》して、砲台《ほうだい》を占領《せんりょう》し、長州軍《ちょうしゅうぐん》の本部《ほんぶ》を焼《や》きはらって、ゆうゆうと引《ひ》きあげた。長州兵《ちょうしゅうへい》は、ただにげまどうばかりだった。

この勢《いきお》いで外国《がいこく》の軍艦《ぐんかん》にせめこまれたら、長州《ちょうしゅう》はひとたまりもないだろう。大《おお》きなショックを受《う》けた長州藩《ちょうしゅうはん》の藩主《はんしゅ》や重役《じゅうやく》たちは、久坂玄瑞《くさかげんずい》らに反対《はんたい》して、自宅《じたく》で静《しず》かにくらしていた高杉晋作《たかすぎしんさく》をよびだし、

「なにか、よい考《かんが》えはないか。」

と相談《そうだん》した。

「あります。そのかわり、いっさいをわたしにおまかせください。」

そう約束《やくそく》をとりつけると、晋作《しんさく》はさっそく、新《あたら》しい軍隊《ぐんたい》をつくる仕事《しごと》にとりかかった。

これより1年《ねん》まえの1862(文久《ぶんきゅう》2)年《ねん》、晋作《しんさく》は清国《しんこく》の上海《シャンハイ》にわたり、アメリカやヨーロッパの植民地《しょくみんち》となったようすを見《み》てきた。そして、その軍事力《ぐんじりょく》がどんなにすぐれているかを、つぶさに見《み》たのだった。そのため、長州《ちょうしゅう》をすくうには、新《あたら》しい軍隊《ぐんたい》をつくるほかにないと、考《かんが》えるようになっていたのである。

晋作《しんさく》がつくった軍隊《ぐんたい》は、実力《じつりょく》のある者《もの》なら、武士《ぶし》だけではなく、町人《ちょうにん》、農民《のうみん》、漁民《ぎょみん》、坊《ぼう》さんなど、だれでも参加《さんか》できるものだった。龍馬《りょうま》と同《おな》じく、晋作《しんさく》も、身分《みぶん》にこだわっているかぎり、新《あたら》しい日本《にっぽん》は生《う》まれないと考《かんが》えていたのである。晋作《しんさく》は、この軍隊《ぐんたい》に「奇兵隊《きへいたい》」という名《な》をつけた。

7月2日《がつふつか》、今度《こんど》は薩摩藩《さつまはん》が、鹿児島湾《かごしまわん》でイギリスの軍艦《ぐんかん》7隻《せき》を攻撃《こうげき》したが、ただちに反撃《はんげき》を受《う》け、大損害《だいそんがい》をこうむった。

さらに8月《がつ》に入《はい》ると、京都《きょうと》で大事件《だいじけん》が起《お》こった。京都《きょうと》から、長州《ちょうしゅう》の勢力《せいりょく》が追《お》いだされたのである。

このころ、長州藩《ちょうしゅうはん》は朝廷《ちょうてい》をもりたてて、幕府《ばくふ》に反対《はんたい》する勢力《せいりょく》の中心《ちゅうしん》となっていた。このままでは、長州藩《ちょうしゅうはん》の天下《てんか》になってしまうと思《おも》われるほどだった。このありさまを見《み》て、

——長州《ちょうしゅう》に負《ま》けてなるものか。

と、ライバル意識《いしき》をもやしたのが、長州藩《ちょうしゅうはん》とならぶ、攘夷派《じょういは》の一方《いっぽう》の旗頭《はたがしら》である薩摩《さつま》

藩《はん》であった。

そこで、薩摩藩《さつまはん》は、幕府《ばくふ》を支持《しじ》する佐幕派《さばくは》の中心《ちゅうしん》である会津藩《あいづはん》（福島県《ふくしまけん》）と手《て》をむすび、いっきょに長州藩《ちょうしゅうはん》の勢力《せいりょく》を、京都《きょうと》から追《お》いだしてしまったのである。これをきっかけに、長州藩《ちょうしゅうはん》と薩摩藩《さつまはん》は、犬《いぬ》とさるのように、にくしみあうようになる。

いっぽう、土佐藩《とさはん》でも、9月《がつ》に入《はい》ると、武市半平太《たけちはんぺいた》をはじめ、尊王攘夷派《そんのうじょういは》の主《おも》だった者《もの》がつぎつぎととらえられ、牢屋《ろうや》につながれた。

藩主《はんしゅ》の山内容堂《やまうちようどう》は、かねがね、半平太《はんぺいた》たちが力《ちから》をつけてきたのをこころよく思《おも》っていなかったが、京都《きょうと》から長州《ちょうしゅう》の勢力《せいりょく》が追《お》いだされたのに力《ちから》を得《え》て、土佐勤王党《とさきんのうとう》をつぶしにかかったのだった。半平太《はんぺいた》とならぶ土佐勤王党《とさきんのうとう》のリーダー中岡慎太郎《なかおかしんたろう》は、つかまるまえに脱藩《だっぱん》して、長州《ちょうしゅう》へにげた。

土佐《とさ》につれもどされて、牢屋《ろうや》に入《い》れられていた吉村虎太郎《よしむらとらたろう》は、どうしたか。1863（文久《ぶんきゅう》3）年《ねん》の2月《がつ》、牢屋《ろうや》から出《だ》されると、虎太郎《とらたろう》はふたたび脱藩《だっぱん》して、京都《きょうと》や大和《やまと》（奈良県《ならけん》）で仲間《なかま》を集《あつ》め、幕府《ばくふ》をたおすために、天誅組《てんちゅうぐみ》を結成《けっせい》した。しかし、幕《ばく》府《ふ》がさしむけた1万《まん》の軍《ぐん》によって、9月《がつ》に天誅組《てんちゅうぐみ》はほろぼされ、虎太郎《とらたろう》は戦死《せんし》をとげた。

5月《がつ》から9月《がつ》にかけて、これらの知《し》らせが、つぎつぎに龍馬《りょうま》の耳《みみ》にとどいた。

武市半平太《たけちはんぺいた》がとらえられたと聞《き》くと、

「とうとう、半平太《はんぺいた》もか。」

龍馬《りょうま》は、自分《じぶん》のことのようにくやしがり、虎太郎《とらたろう》の戦死《せんし》を知《し》ったときは、

「ばかなやつだ。あせっちゃいかんと、あれほど言《い》うちょったのに。」

そう言《い》って、友人《ゆうじん》の死《し》をなげきかなしんだ。

しかし、龍馬《りょうま》がいちばんショックを受《う》けたのは、同《おな》じ尊王攘夷派《そんのうじょういは》だったはずの、長州藩《ちょうしゅうはん》と薩摩藩《さつまはん》が敵味方《てきみかた》に分《わ》かれたことだった。

——これで、新《あたら》しい日本《にっぽん》の建設《けんせつ》は10年《ねん》おくれるだろう。

龍馬《りょうま》は、そんな気《き》がした。

朝廷《ちょうてい》の態度《たいど》が、ねこの目《め》のようにくるくるかわるのにも、龍馬《りょうま》は、はらを立《た》てていた。昨日《きのう》は、長州藩《ちょうしゅうはん》を応援《おうえん》したかと思《おも》うと、今日《きょう》は、薩摩藩《さつまはん》を応援《おうえん》している。幕府《ばくふ》をけしからんと言《い》ったかと思《おも》うと、その同《おな》じ口《くち》で、幕府《ばくふ》をかばったりする。このような朝廷《ちょうてい》を、あてにしていていいものだろうか。

その龍馬《りょうま》に、土佐《とさ》から、

「帰国《きこく》せよ。」

という命令《めいれい》がとどいたのは、12月《がつ》のことだった。龍馬《りょうま》は、ちょうど江戸《えど》にいた。

「坂本君《さかもとくん》、どうするかね。」

海舟《かいしゅう》が聞《き》くと、龍馬《りょうま》は、

「だれが帰《かえ》るものですか。帰《かえ》ったら、武市半平太《たけちはんぺいた》と同《おな》じようにとらえられて、そのうち、これですよ。」

と言《い》って、首《くび》を切《き》られるまねをした。

龍馬《りょうま》は、この命令《めいれい》を無視《むし》し、ふたたび脱藩《だっぱん》した。海舟《かいしゅう》のもとで、航海術《こうかいじゅつ》を勉強《べんきょう》していた土佐藩士《とさはんし》たちも、龍馬《りょうま》にならって、つぎつぎに脱藩《だっぱん》し、自由《じゆう》の身《み》になった。

「日本《にっぽん》の洗濯《せんたく》をするんじゃき、殿《との》さまなんか、くそくらえじゃ。」

という龍馬《りょうま》の言葉《ことば》に、みんなはもろ手《て》をあげて、賛成《さんせい》したのだった。

西郷隆盛《さいごうたかもり》という男《おとこ》

「坂本君《さかもとくん》、とうとうできたぞ。」

勝海舟《かつかいしゅう》と坂本龍馬《さかもとりょうま》は、つめたい潮風《しおかぜ》に身《み》をすくめながら、いくむねもならぶ大《おお》きな建物《たてもの》を見《み》つめていた。その向《む》こうには、水《みず》を満々《まんまん》とたたえたドックも見《み》える。

1864（文久《ぶんきゅう》4）年《ねん》2月《がつ》はじめ、待《ま》ちに待《ま》った神戸海軍操練所《こうべかいぐんそうれんじょ》が、ほぼ完成《かんせい》したのである。おもに航海術《こうかいじゅつ》を教《おし》えるところで、いまの商船学校《しょうせんがっこう》にあたる。

操練所《そうれんじょ》は、幕府《ばくふ》のゆるしを受《う》けてつくられた塾《じゅく》だった。しかし、海舟《かいしゅう》は、はばの広《ひろ》い考《かんが》えの持《も》ち主《ぬし》だった。国《くに》の将来《しょうらい》を考《かんが》える者《もの》なら、だれでも入《はい》れるような操練所《そうれんじょ》でなくてはならないと考《かんが》えていた。

そこで、たとえ尊王攘夷派《そんのうじょういは》の志士《しし》であっても、希望《きぼう》する者《もの》はぞくぞく受《う》けいれて、航海術《こうかいじゅつ》や西洋《せいよう》の新知識《しんちしき》を学《まな》ばせた。

龍馬《りょうま》は脱藩者《だっぱんしゃ》なので、操練所《そうれんじょ》には入《はい》れなかったが、同《おな》じ神戸《こうべ》にあった海舟《かいしゅう》の私塾《しじゅく》で学《まな》ぶいっぽうで、東《ひがし》へ西《にし》へと、めまぐるしく動《うご》きまわった。

2月半《がつなか》ばに、龍馬《りょうま》は海舟《かいしゅう》のおともをして、軍艦《ぐんかん》で長崎《ながさき》に向《む》かった。アメリカ、イギリス、フランス、オランダ4か国《こく》の連合艦隊《れんごうかんたい》が長州《ちょうしゅう》を攻撃《こうげき》する作戦《さくせん》を練《ね》っているというので、それを中止《ちゅうし》してほしいとたのんでくるよう、幕府《ばくふ》が海舟《かいしゅう》に命令《めいれい》してきたのである。

長崎《ながさき》に着《つ》いた海舟《かいしゅう》は、4か国《こく》の艦長《かんちょう》やオランダ、アメリカの総領事《そうりょうじ》に会《あ》って、計画《けいかく》を中止《ちゅうし》するようにたのんだが、いっこうに話《はなし》は進《すす》まない。

「なにしろ、相手《あいて》が強《つよ》すぎる。」

「くやしいけれど、じっとがまんですのう。」

海舟《かいしゅう》と龍馬《りょうま》は、そう話《はな》しあった。

長崎《ながさき》の町《まち》で、龍馬《りょうま》は、べっこうのくしや外国《がいこく》のめずらしい化粧品《けしょうひん》を買《か》って、郷里《きょうり》の姉《あね》の乙女《おとめ》のもとに送《おく》った。どこにいても、龍馬《りょうま》は姉《あね》のことをわすれなかった。

2か月後《げつご》の1864（元治《げんじ》1）年《ねん》4月《がつ》、神戸《こうべ》にもどってきた龍馬《りょうま》は、龍馬《りょうま》でなければ考《かんが》えつかないような、いっぷうかわった計画《けいかく》を練《ね》りはじめた。それは、尊王攘夷派《そんのうじょういは》の志士《しし》たちを集《あつ》め、開拓民《かいたくみん》として蝦夷《えぞ》（北海道《ほっかいどう》）に送《おく》る計画《けいかく》だった。

そのころ、京都《きょうと》には、全国《ぜんこく》から尊王攘夷派《そんのうじょういは》の志士《しし》たちが数多《かずおお》く集《あつ》まっていた。そのほとんどは、脱藩《だっぱん》してきた浪人《ろうにん》だったから、いつ、なにをしでかすかわからない。

そこで幕府《ばくふ》の役人《やくにん》たちは、どうにかして京都《きょうと》から志士《しし》たちを追《お》いはらおうと、血《ち》まなこになっていた。近藤勇《こんどういさみ》が局長《きょくちょう》をつとめる新選組《しんせんぐみ》［1］も、幕府《ばくふ》の力強《ちからづよ》い味方《みかた》とし

［1］1863年《ねん》に幕府《ばくふ》によってつくられ、市中《しちゅう》をとりしまり、尊攘派《そんじょうは》の浪士《ろうし》をしずめる役割《やくわり》をはたした。局長《きょくちょう》は近藤勇《こんどういさみ》、副長《ふくちょう》に土方歳三《ひじかたとしぞう》、隊員《たいいん》には沖田総司《おきたそうじ》などがいた。

て、京都《きょうと》で尊王攘夷派《そんのうじょういは》の動《うご》きを見張《みは》っていた。

神戸《こうべ》と京都《きょうと》は近《ちか》い。

――尊王攘夷派《そんのうじょういは》がねらわれている。

という情報《じょうほう》は、龍馬《りょうま》の耳《みみ》にも入《はい》ってきた。

龍馬《りょうま》は、志士《しし》たちの考《かんが》えには賛成《さんせい》できなかったが、かれらの思《おも》いつめた気持《きも》ちは、よくわかった。このままでは、志士《しし》たちの命《いのち》があぶない。そこで、思《おも》いきった計画《けいかく》を立《た》てて、海舟《かいしゅう》に相談《そうだん》すると、

「それはいい考《かんが》えだ。しかし、資金《しきん》がいるな。」

と言《い》って、さっそく資金集《しきんあつ》めに力《ちから》をかしてくれた。

ところが、かんじんの志士《しし》たちは、なかなか龍馬《りょうま》のさそいにのってくれない。

「坂本龍馬《さかもとりょうま》などという、幕府《ばくふ》の手先《てさき》にだれがだまされるものか。」

反対《はんたい》に、はらを立《た》てる者《もの》のほうが多《おお》かった。

それでも、やっと50人《にん》ばかり集《あつ》めた龍馬《りょうま》は、つぎつぎに志士《しし》たちを蝦夷《えぞ》に送《おく》るつも

りだった。

池田屋事件《いけだやじけん》が起《お》きたのは、ちょうどそのころであった。1864（元治《げんじ》1）年《ねん》6月《がつ》5日夜《いつかよる》、京都《きょうと》の旅館池田屋《りょかんいけだや》で、尊王攘夷派《そんのうじょういは》のおもだった志士《しし》20人《にん》ほどが会議《かいぎ》を開《ひら》いているところへ、近藤勇局長《こんどういさみきょくちょう》のひきいる新選組《しんせんぐみ》が、おそいかかってきたのである。不意《ふい》をつかれた志士《しし》たちは、つぎつぎに切《き》りころされ、ぶじににげだすことができたのは、わずか二、三人《にん》だった。

龍馬《りょうま》がこの知《し》らせを聞《き》いたのは、江戸《えど》に着《つ》いてからだった。

「ああ、おそかったか。」

と、龍馬《りょうま》はなげいた。

7月《がつ》に入《はい》ると、さらに大事件《だいじけん》が起《お》こった。1年《ねん》まえ、薩摩藩《さつまはん》と会津藩《あいづはん》によって京都《きょうと》から追《お》いだされた長州藩《ちょうしゅうはん》の軍隊《ぐんたい》が、京都《きょうと》にせめのぼってきたのである。

1864（元治《げんじ》1）年《ねん》7月《がつ》19日《にち》、京都御所《きょうとごしょ》の蛤御門《はまぐりごもん》の近《ちか》くで、長州軍《ちょうしゅうぐん》と幕府軍《ばくふぐん》との間《あいだ》で、戦《たたか》いの火《ひ》ぶたが切《き》られた（「禁門《きんもん》の変《へん》」または「蛤御門《はまぐりごもん》の変《へん》」）。

長州軍《ちょうしゅうぐん》は、その数《かず》2000。そのなかには、ほかの藩《はん》の志士《しし》も100人《にん》ほど参加《さんか》していた。土佐《とさ》藩《はん》の中岡慎太郎《なかおかしんたろう》も、そのひとりだった。

いっぽう、京都《きょうと》を守《まも》る幕府軍《ばくふぐん》は、薩摩《さつま》と会津《あいづ》の藩兵《はんぺい》をふくめておよそ3万《まん》。指揮《しき》をとったのは、薩摩藩《さつまはん》の西郷隆盛《さいごうたかもり》である。

はじめは勢《いきお》いのあった長州軍《ちょうしゅうぐん》だったが、戦力《せんりょく》のちがいはどうすることもできず、100人《にん》をこえる戦死者《せんししゃ》を出《だ》して、長州《ちょうしゅう》ににげかえった。

長州藩《ちょうしゅうはん》のリーダーのひとり、久坂玄瑞《くさかげんずい》もこの戦《たたか》いで討《う》ち死《じ》にした。高杉晋作《たかすぎしんさく》と桂小《かつらこ》五郎《ごろう》は、この作戦《さくせん》に反対《はんたい》して、参加《さんか》しなかった。

龍馬《りょうま》と久坂玄瑞《くさかげんずい》は、2年《ねん》まえ、夜《よ》がふけるのもわすれて、日本《にっぽん》の将来《しょうらい》について論《ろん》じあった仲《なか》である。その後《ご》、ふたりが歩《あゆ》んだ道《みち》はちがうが、

「なんで、そんなにあせったのか。おんしも、ばかじゃのう。」

龍馬《りょうま》は、くちびるをかんで、その死《し》をおしんだ。

天皇《てんのう》の住《す》む御所《ごしょ》に向《む》かって発砲《はっぽう》したことなどから、長州藩《ちょうしゅうはん》は朝敵《ちょうてき》（朝廷《ちょうてい》の敵《てき》）とい

うことになり、将軍家茂《しょうぐんいえもち》は、朝廷《ちょうてい》のゆるしを得《え》て、長州《ちょうしゅう》を征伐《せいばつ》するため兵《へい》を出《だ》すように、各藩《かくはん》に命令《めいれい》をくだした。これを第一次長州征伐《だいいちじちょうしゅうせいばつ》といい、薩摩藩《さつまはん》の西郷隆盛《さいごうたかもり》がその参謀《さんぼう》（軍師《ぐんし》）に任命《にんめい》された。

「泣《な》きっつらにはち」ということわざがあるが、このときの長州藩《ちょうしゅうはん》がそうであった。1864（元治《げんじ》1）年《ねん》8月5日《がついつか》、1年《ねん》まえの仕返《しかえ》しに、アメリカ、イギリス、フランス、オランダの四国連合艦隊《しこくれんごうかんたい》が、関門海峡《かんもんかいきょう》に姿《すがた》をあらわし、攻撃《こうげき》をしかけてきたのである。

もうれつな砲火《ほうか》をあびせたのち、連合艦隊《れんごうかんたい》の約《やく》2000人《にん》の陸戦隊《りくせんたい》が上陸《じょうりく》して、長州軍《ちょうしゅうぐん》の砲台《ほうだい》をかたっぱしからこわし、ゆうゆうと引《ひ》きあげていった。

このまま戦争《せんそう》をつづければ、長州《ちょうしゅう》は焼《や》け野原《のはら》になるだろうと、だれもが思《おも》った。この危機《きき》をすくったのが、高杉晋作《たかすぎしんさく》だった。

長州藩《ちょうしゅうはん》の代表《だいひょう》として、連合艦隊《れんごうかんたい》の旗艦《きかん》ユリアラス号《ごう》に乗《の》りこんだ晋作《しんさく》は、

「攘夷《じょうい》は長州藩《ちょうしゅうはん》が勝手《かって》にやったのではなく、幕府《ばくふ》や朝廷《ちょうてい》の命令《めいれい》でやったまでです。こ

れからは、関門海峡《かんもんかいきょう》を自由《じゆう》に行《ゆ》き来《き》してください。」

降伏《こうふく》を申《もう》しでるどころか、胸《むね》をはって、長州藩《ちょうしゅうはん》の主張《しゅちょう》をおしとおした。1年《ねん》まえの賠償金《ばいしょうきん》を要求《ようきゅう》されても、

「責任《せきにん》は、あくまでも幕府《ばくふ》と朝廷《ちょうてい》にある。幕府《ばくふ》からもらってください。」

と言《い》って、一歩《いっぽ》もゆずらなかった。

龍馬《りょうま》が、京都《きょうと》の薩摩藩《さつまはん》の屋敷《やしき》に、西郷隆盛《さいごうたかもり》をたずねたのは、ちょうどそのころであった。

「長州藩《ちょうしゅうはん》がこうなっては、これからの世《よ》の中《なか》を動《うご》かすのは薩摩藩《さつまはん》だろう。坂本君《さかもとくん》、西郷《さいごう》という男《おとこ》に会《あ》ってみないか。」

海舟《かいしゅう》にそう言《い》われて、会《あ》いに出《で》かけたのである。

西郷《さいごう》をたずねた龍馬《りょうま》は、まずそのりっぱな体《からだ》つきに圧倒《あっとう》された。180センチメートル近《ちか》い身長《しんちょう》は、龍馬《りょうま》もそう引《ひ》けはとらなかったが、体重《たいじゅう》は100キログラムをはるかにこえていると思《おも》われた。それに顔《かお》も大《おお》きく、ぎょろりとした目《め》、太《ふと》いまゆ、引《ひ》き

しまったくちびるには、薩摩藩《さつまはん》のリーダーにふさわしい風格《ふうかく》がただよっていた。

ふたりは、世《よ》の中《なか》の動《うご》きについて意見《いけん》をかわしたが、

「おもしろうごわした。坂本《さかもと》さん、また会《あ》いましょう。」

最後《さいご》に西郷《さいごう》が言《い》った。

神戸《こうべ》にもどると、龍馬《りょうま》は海舟《かいしゅう》に、

「西郷《さいごう》というやつは、なんともつかまえどころのない、ばかなら大《おお》きなばかで、利口《りこう》なら大《おお》きな利口《りこう》ですのう。たとえていうなら、大《おお》きな鐘《かね》です。ちいそうたたけばちいそう鳴《な》り、大《おお》きゅうたたけば大《おお》きゅう鳴《な》ります。」

と報告《ほうこく》した。西郷隆盛《さいごうたかもり》の性格《せいかく》を、みごと言《い》いあてているといっていいだろう。

海舟《かいしゅう》には話《はな》さなかったが、西郷《さいごう》と会見《かいけん》した龍馬《りょうま》が、いちばん強《つよ》く感《かん》じたのは、

――新《あたら》しい日本《にっぽん》をつくるためには、薩摩《さつま》と長州《ちょうしゅう》を仲直《なかなお》りさせなくてはならない。

ということであった。そのためには、どうすればいいか。龍馬《りょうま》は、大《おお》きな宿題《しゅくだい》にとりくむことになった。

それから1か月《げつ》ほどたって、勝海舟《かつかいしゅう》も西郷隆盛《さいごうたかもり》に会《あ》いにいき、

「きみの言《い》うとおり、西郷《さいごう》はなかなかの人物《じんぶつ》だ。」

龍馬《りょうま》にそう感想《かんそう》をもらした。いっぽう、西郷《さいごう》も、海舟《かいしゅう》の人柄《ひとがら》にすっかりひかれ、

――抜群《ばつぐん》に頭《あたま》のいい人《ひと》です。英雄《えいゆう》といっていいでしょう。

と、薩摩《さつま》にいる仲間《なかま》の大久保一蔵《おおくぼいちぞう》（のちの利通《としみち》）に、さっそく手紙《てがみ》で報告《ほうこく》した。

薩摩藩邸《さつまはんてい》にかくれすむ

神戸海軍操練所《こうべかいぐんそうれんじょ》の海舟《かいしゅう》のもとに、幕府《ばくふ》から、

――ただちに江戸《えど》に帰《かえ》られたし。

という命令《めいれい》がとどいたのは、この年《とし》、1864（元治《げんじ》1）年《ねん》の10月末《がつすえ》であった。

幕府《ばくふ》はかねがね、神戸操練所《こうべそうれんじょ》でおおぜいの尊王攘夷派《そんのうじょういは》の志士《しし》たちが学《まな》んでいることに目《め》をつけ、さぐりを入《い》れていたが、ついに海舟《かいしゅう》をくびにしたのである。

――幕府《ばくふ》の役人《やくにん》のくせに、攘夷派《じょういは》の志士《しし》たちをかくまうのはけしからん。

というのがその理由《りゆう》だった。

海舟《かいしゅう》が軍艦奉行《ぐんかんぶぎょう》をやめさせられたということは、神戸海軍操練所《こうべかいぐんそうれんじょ》がつぶれることを意味《いみ》していた。

「とうとう、おいでなすったか。」

海舟《かいしゅう》は、そう言《い》って苦笑《にがわら》いし、神戸《こうべ》を立《た》ちさるまえに、龍馬《りょうま》たちをよんで聞《き》いた。

「おれは、江戸《えど》の自宅《じたく》で謹慎《きんしん》するよう命令《めいれい》された。さて、坂本君《さかもとくん》、きみたちはこれからどうするかね。」

志士《しし》たちを蝦夷《えぞ》に送《おく》る計画《けいかく》をおしすすめたかったが、もうそれどころではなかった。幕府《ばくふ》の援助《えんじょ》がなくなったいまでは、操練所《そうれんじょ》を再開《さいかい》するわけにもいかない。

「ともかく、ここにいてはあぶない。新選組《しんせんぐみ》がきみたちをねらっているという、うわさもある。」

海舟《かいしゅう》は顔《かお》をくもらせた。新選組《しんせんぐみ》だけではない。土佐藩《とさはん》の手先《てさき》も、ひそかに龍馬《りょうま》をつかまえようとして、京都《きょうと》や大坂《おおざか》にもぐりこんでいた。

ふと、龍馬《りょうま》の頭《あたま》のおくに、西郷隆盛《さいごうたかもり》の大《おお》きな顔《かお》がうかんだ。そのとき、龍馬《りょうま》の心《こころ》の中《なか》を読《よ》んだかのように、海舟《かいしゅう》が言《い》った。

「しばらく、薩摩屋敷《さつまやしき》にかくまってもらい、世《よ》の中《なか》の動《うご》きを見《み》ることにしたらどうかな。」

龍馬《りょうま》がうなずくと、海舟《かいしゅう》はつづけた。

「話《はなし》はすでに、薩摩藩《さつまはん》の家老小松帯刀《かろうこまつたてわき》に通《つう》じてある。なに、遠慮《えんりょ》はいらん。薩摩藩《さつまはん》も去年《きょねん》、イギリスとたたかって、海軍《かいぐん》がめちゃめちゃにされ、その立《た》てなおしに、きみらの力《ちから》をかりたがっているのだ。胸《むね》をはって、世話《せわ》になればいい。」

こうして、龍馬《りょうま》たちは、この年《とし》の冬《ふゆ》から翌年《よくねん》の春《はる》まで、大坂《おおざか》の薩摩藩邸《さつまはんてい》、さらに京《きょう》都《と》の薩摩藩邸《さつまはんてい》に身《み》をひそめることになった。

龍馬《りょうま》と行動《こうどう》をともにしたのは、土佐藩《とさはん》の仲間《なかま》のほか、越後《えちご》（新潟県《にいがたけん》）、越前《えちぜん》（福井《ふくい》県《けん》）、水戸《みと》、紀州《きしゅう》（和歌山県《わかやまけん》と三重県《みえけん》の一部《いちぶ》）の浪人《ろうにん》など、20人《にん》ほどだった。

このころ西郷《さいごう》は、征長総督《せいちょうそうとく》の参謀《さんぼう》という大役《たいやく》を引《ひ》きうけていたため、毎日《まいにち》がいそがしく、めったに藩邸《はんてい》に姿《すがた》をあらわさなかったが、ひまを見《み》ては、龍馬《りょうま》に会《あ》いにきた。

「ただで、お世話《せわ》になろうとは思《おも》っちょりません。わしらに船《ふね》をかしてください。貿易《ぼうえき》をやって、どんどんかせぎます。幕府《ばくふ》だけに貿易《ぼうえき》をやらせておく手《て》はない。薩摩藩《さつまはん》でも、負《ま》けずにやる。そして、もうけた金《かね》で、大砲《たいほう》や軍艦《ぐんかん》を買《か》う。」

熱《ねつ》をこめて、龍馬《りょうま》は話《はな》した。操練所《そうれんじょ》できたえたので、航海術《こうかいじゅつ》には自信《じしん》があった。

「おもしろい。坂本《さかもと》さん、ぜひやりましょう。」

西郷《さいごう》は、大《おお》きなはらをゆすってわらった。

その西郷《さいごう》が、幕府《ばくふ》の大軍《たいぐん》をひきいて長州《ちょうしゅう》へ向《む》かったのは、11月《がつ》のことである。最初《さいしょ》、西郷《さいごう》は、

——長州《ちょうしゅう》を徹底的《てっていてき》にたたきのめそう。

と考《かんが》えていた。しかし、龍馬《りょうま》や海舟《かいしゅう》と会《あ》ってから、その考《かんが》えはかわった。

——幕府軍《ばくふぐん》と長州軍《ちょうしゅうぐん》が戦争《せんそう》を始《はじ》めたら、おたがいに莫大《ばくだい》な費用《ひよう》を使《つか》い、数多《かずおお》くのぎ

せい者《しゃ》を出《だ》す。日本《にっぽん》の社会《しゃかい》も経済《けいざい》も、大混乱《だいこんらん》を起《お》こすだろう。そうなったら、いちばん得《とく》をするのは、外国《がいこく》ではないか。日本全体《にっぽんぜんたい》のことを考《かんが》えれば、なるべく戦争《せんそう》はさけたほうがいい。

そう心《こころ》に決《き》めた西郷《さいごう》は、話《はな》し合《あ》いで解決《かいけつ》することにし、

「長州《ちょうしゅう》ににげかくれている京都《きょうと》の公家《くげ》たちを、ただちに九州《きゅうしゅう》へうつせ。さらに、家老《かろう》たちに禁門《きんもん》の変《へん》の責任《せきにん》をとらせよ。」

というふたつの要求《ようきゅう》を、長州藩《ちょうしゅうはん》につきつけた。

長州藩《ちょうしゅうはん》も、戦争《せんそう》をのぞんでいなかったので、素直《すなお》にこの要求《ようきゅう》を受《う》けいれた。話《はな》し合《あ》いがつくと、長州《ちょうしゅう》をとりかこんでいた幕府軍《ばくふぐん》は、いっせいに引《ひ》きあげはじめた。

こうして、第一次長州征伐《だいいちじちょうしゅうせいばつ》は、戦火《せんか》を交《まじ》えずに終《お》わった。

あいついで大事件《だいじけん》が起《お》きた1864（元治《げんじ》1）年《ねん》がすぎさり、1865（慶応《けいおう》1）年《ねん》の年《とし》が明《あ》けた。

4月《がつ》はじめ、龍馬《りょうま》たちがかくれすんでいる京都《きょうと》の薩摩藩邸《さつまはんてい》を、土佐出身《とさしゅっしん》のふたりの志士《しし》がおとずれた。中岡慎太郎《なかおかしんたろう》と土方久元《ひじかたひさもと》である。

土佐勤王党《とさきんのうとう》のリーダーのひとりだった慎太郎《しんたろう》は、龍馬《りょうま》とは親友《しんゆう》だった。慎太郎《しんたろう》は、禁門《きんもん》の変《へん》に長州軍《ちょうしゅうぐん》とともに参加《さんか》したが、かろうじて生《い》きのび、いまは九州《きゅうしゅう》の太宰府《だざいふ》(福岡県《ふくおかけん》)で、長州《ちょうしゅう》からうつされた公家《くげ》たちの身《み》の回《まわ》りの世話《せわ》をしていた。

「龍馬《りょうま》、えらいおとなしいじゃないか。」

顔《かお》を合《あ》わせるなり、慎太郎《しんたろう》がひやかした。たえず動《うご》きまわっている龍馬《りょうま》が、こんなところでじっとしているのが、慎太郎《しんたろう》には不思議《ふしぎ》だった。

「西郷《さいごう》さんが船《ふね》をかしてくれるのを、待《ま》っちょるんじゃ。」

「船《ふね》を待《ま》っちょるって。」

慎太郎《しんたろう》は、あきれた顔《かお》をした。

「この大事《だいじ》なときに、まあ、なんとのんきなことじゃ。いいか、長州《ちょうしゅう》はまた生《い》きかえったぞ。高杉晋作《たかすぎしんさく》や桂小五郎《かつらこごろう》が、政権《せいけん》をうばいかえした。見《み》ちょれや、長州《ちょうしゅう》はきっと、幕府《ばくふ》を打《う》ちたおす。それで、わしらは京都《きょうと》のようすをさぐりにきたんじゃ。」

一気《いっき》に、慎太郎《しんたろう》はしゃべった。

長州《ちょうしゅう》は、じつに不思議《ふしぎ》な藩《はん》だった。幕府派《ばくふは》と反幕府派《はんばくふは》が、政権《せいけん》をとったりとりかえされたりしていた。つい5か月《げつ》まえ、第一次長州征伐《だいいちじちょうしゅうせいばつ》のころは、幕府派《ばくふは》が政権《せいけん》をにぎっていたが、慎太郎《しんたろう》の話《はなし》では、いち早《はや》く、反幕府派《はんばくふは》が政権《せいけん》をとりもどしたという。

「今度《こんど》こそは、本物《ほんもの》じゃろう。」

龍馬《りょうま》は、目《め》をかがやかすと、言《い》った。日本《にっぽん》の未来《みらい》を考《かんが》えている高杉晋作《たかすぎしんさく》や桂小五郎《かつらこごろう》が中心《ちゅうしん》となった長州藩《ちょうしゅうはん》なら、きっと西郷隆盛《さいごうたかもり》のいる薩摩藩《さつまはん》とも手《て》をむすべるだろうと、龍馬《りょうま》は思《おも》った。

京都《きょうと》に春《はる》がめぐってきた。ちらほら、花《はな》だよりも聞《き》かれるようになった。

「ひとつ、嵐山《あらしやま》に花見《はなみ》にでも行《い》くか。」

ある日《ひ》、龍馬《りょうま》は仲間《なかま》ふたりをさそって、町《まち》へ出《で》た。

じっとしていられない性分《しょうぶん》の龍馬《りょうま》は、これまでもときどき、外出《がいしゅつ》をしていた。伏見《ふしみ》にある旅館《りょかん》寺田屋《てらだや》にも、何回《なんかい》か出《で》かけている。寺田屋《てらだや》では、龍馬《りょうま》が世話《せわ》をしたお龍《りょう》という娘《むすめ》が、養女《ようじょ》となってはたらいていた。

嵐山《あらしやま》で桜《さくら》を見物《けんぶつ》し、大通《おおどお》りにさしかかったとき、3人《にん》はふと足《あし》を止《と》めた。ゆく手《て》に、市中《しちゅう》の見回《みまわ》りをしている新選組《しんせんぐみ》の連中《れんちゅう》が、こちらをにらんで、立《た》っていたからである。新選組《しんせんぐみ》だということは、派手《はで》なもようをそめぬいたあさぎ色《いろ》の隊服《たいふく》を着《き》ていることで、すぐわかった。

隊員《たいいん》たちは、輪《わ》になって、なにかひそひそ話《ばなし》をしている。髪《かみ》ぼうぼうの長身《ちょうしん》の男《おとこ》が、坂本龍馬《さかもとりょうま》であることに気《き》づいたらしい。

「にげましょう。」

千屋寅之助《ちやとらのすけ》が言《い》った。寅之助《とらのすけ》は、龍馬《りょうま》をしたって土佐藩《とさはん》を脱藩《だっぱん》してきた男《おとこ》だった。

「いや、にげてもつかまる。やつらのまんなかを、堂々《どうどう》と通《とお》ってやろう。」

龍馬《りょうま》はにやりとした。

「とんでもない。切《き》られにいくようなもんじゃ。」

おびえた目《め》で、高松太郎《たかまつたろう》が龍馬《りょうま》を見上《みあ》げた。かれも、土佐藩《とさはん》を脱藩《だっぱん》してきた仲間《なかま》で、しかも龍馬《りょうま》の甥《おい》（いちばん上《うえ》の姉《あね》の子《こ》）であった。

「だまって、ついてこい。」

龍馬《りょうま》は、腰《こし》に手《て》を当《あ》てた。おそれることはない。いざとなれば、刀《かたな》がある。

ひょいと横《よこ》を見《み》ると、のき下《した》で、背中《せなか》を丸《まる》めて、子犬《こいぬ》がいねむりをしていた。龍馬《りょうま》は、子犬《こいぬ》をかかえあげると、

「ほれ、ほれ。」

子犬《こいぬ》のやわらかな毛《け》にほおをおしあてながら、すたすた歩《ある》きはじめた。そして、

「ちょっくら、ごめんなさい。」

ちょこんと頭《あたま》をさげて、新選組《しんせんぐみ》の連中《れんちゅう》の間《あいだ》を、ゆうゆうと通《とお》りぬけていった。そのあとから、寅之助《とらのすけ》と太郎《たろう》がつづく。

新選組《しんせんぐみ》の隊員《たいいん》たちは、あっけにとられ、ぽかんと口《くち》を開《あ》けている。わずか、1分《ぷん》か

2分《ふん》のできごとだった。

動《うご》きだした龍馬《りょうま》

1865（慶応《けいおう》1）年《ねん》5月1日《がつついたち》、けむりをふきあげる桜島《さくらじま》を右《みぎ》に見《み》ながら、鹿児島《かごしま》湾《わん》に入《はい》ってくる1そうの船《ふね》があった。

薩摩藩《さつまはん》の汽船《きせん》胡蝶丸《こちょうまる》で、小松帯刀《こまつたてわき》ら薩摩藩《さつまはん》の家老《かろう》のほかに、西郷隆盛《さいごうたかもり》、坂本龍馬《さかもとりょうま》とその同志《どうし》たちも乗《の》りこんでいた。西郷《さいごう》が、ぜひ鹿児島《かごしま》に来《く》るようにすすめたのである。

龍馬《りょうま》は、鹿児島《かごしま》に約半月滞在《やくはんつきたいざい》したが、ある晩《ばん》、西郷《さいごう》の家《いえ》にとまったときのことである。夜中《よなか》にふと目《め》をさますと、となりの部屋《へや》で、西郷《さいごう》と奥《おく》さんが話《はな》しているのが聞《き》こえた。

「屋根《やね》がくさっているらしく、雨《あま》もりがしてこまります。どうか早《はや》く修繕《しゅうぜん》してくださりませ。」

と、奥《おく》さんがしきりにたのんでいる。すると、西郷《さいごう》は、

「いまは、日本中《にほんじゅう》が雨《あま》もりしちょる。わが家《や》の修繕《しゅうぜん》などしてはおれん。」

つきはなすように言《い》って、大《おお》きないびきを立《た》てはじめた。龍馬《りょうま》は、そんな西郷《さいごう》をますますたのもしく思《おも》ったという。

ある日《ひ》、龍馬《りょうま》は思《おも》いきって、

「西郷《さいごう》さん、薩摩《さつま》と長州《ちょうしゅう》が手《て》をにぎれば、天下《てんか》は動《うご》きます。ぜひ、長州《ちょうしゅう》との仲直《なかなお》りを考《かんが》えてくだされ。」

と、頭《あたま》をさげてたのんだ。

「わかりもした。大久保《おおくぼ》とも相談《そうだん》しておこう。」

西郷《さいごう》は、目《め》をぎょろりとさせてうなずいた。

一日《いちにち》も早《はや》く、薩摩《さつま》と長州《ちょうしゅう》を連合《れんごう》させなければならない。しかし、薩長連合《さっちょうれんごう》をおしすすめるためには、龍馬《りょうま》たちが薩摩藩《さつまはん》の世話《せわ》になっているというのは、いかにも都合《つごう》が

悪《わる》い。仲直《なかなお》りをさせようとしても、

——坂本龍馬《さかもとりょうま》は、薩摩《さつま》の手先《てさき》ではないか。

長州藩《ちょうしゅうはん》は、そううたがって、警戒《けいかい》するだろう。

とすれば、薩摩藩《さつまはん》からはなれて独立《どくりつ》し、中立《ちゅうりつ》の立場《たちば》にいる必要《ひつよう》がある。そのためには、なんとしても、自分《じぶん》たちの船《ふね》がほしい。

幸《さいわ》い、薩摩藩《さつまはん》では、外国《がいこく》からつぎつぎに船《ふね》を買《か》いいれる計画《けいかく》があり、小松帯刀《こまつたてわき》らが長崎《ながさき》に船《ふね》を見《み》にいくところだった。そこで、龍馬《りょうま》は、小松《こまつ》にたのんで高松太郎《たかまつたろう》をはじめ、仲間《なかま》たちを長崎《ながさき》へ向《む》かわせた。

龍馬《りょうま》はひとり別行動《べつこうどう》をとり、5月半《がつなか》ば、熊本《くまもと》の外《はず》れに住《す》む横井小楠《よこいしょうなん》をたずねた。小楠《しょうなん》は熊本藩士《くまもとはんし》だが、開国論者《かいこくろんしゃ》として知《し》られ、龍馬《りょうま》を勝海舟《かつかいしゅう》に紹介《しょうかい》した松平春嶽《まつだいらしゅんがく》が幕府《ばくふ》政事総裁職《せいじそうさいしょく》のときは、その片腕《かたうで》となって活躍《かつやく》した。

龍馬《りょうま》は1年《ねん》まえにも、長崎《ながさき》から神戸《こうべ》に帰《かえ》る途中《とちゅう》、海舟《かいしゅう》にたのまれてたずねたことがあるので、熊本《くまもと》の小楠《しょうなん》をたずねるのは2度目《どめ》であった。

「薩摩《さつま》と長州《ちょうしゅう》を握手《あくしゅ》させようと思《おも》うちょります。」

酒《さけ》をくみかわしながら、龍馬《りょうま》が話《はな》した。

「おれは、なにをすればいい。」

小楠《しょうなん》が聞《き》くと、

「先生《せんせい》は、まあ2階《かい》にござって、きれいな女《おんな》ども相手《あいて》に酒《さけ》をあがって、西郷《さいごう》や大久保《おおくぼ》が芝居《しばい》をするのを見物《けんぶつ》なさるのがようござる。もしゆきづまったら、ちょいと指図《さしず》をしてくだされ。」

龍馬《りょうま》は、にっこりして言《い》った。

その4日後《かご》に、龍馬《りょうま》は筑前《ちくぜん》（福岡県《ふくおかけん》）の太宰府《だざいふ》に姿《すがた》をあらわし、長州《ちょうしゅう》からそこにうつされている、公家《くげ》の三条実美《さんじょうさねとみ》［2］らに面会《めんかい》した。薩摩《さつま》と長州《ちょうしゅう》を仲直《なかなお》りさせる相談《そうだん》をするためであった。

その足《あし》で、龍馬《りょうま》は海《うみ》をわたり、長州《ちょうしゅう》の下関《しものせき》をたずねた。顔見知《かおみし》りの豪商《ごうしょう》、白石正一郎《しらいししょういちろう》の屋敷《やしき》でやっかいになっていると、おりよく、そこへ土方久元《ひじかたひさもと》がやってきた。

「よう、坂本《さかもと》さん、ええところで会《お》うた。いま、京都《きょうと》から帰《かえ》ってきたとこじゃ。」

1か月《げつ》まえ、龍馬《りょうま》は京都《きょうと》で、この土方《ひじかた》と中岡慎太郎《なかおかしんたろう》に会《あ》っている。土方《ひじかた》らは、あれからずっと京都《きょうと》にいたのだった。

「中岡《なかおか》はどうした？」

「慎太郎《しんたろう》は、西郷《さいごう》さんに会《あ》いに、薩摩《さつま》へ行《い》ったぜよ。」

土方《ひじかた》はにやりとした。

「なに、西郷《さいごう》さんのところへ？」

「わしらはいよいよ、薩長連合《さっちょうれんごう》にとりかかった。」

胸《むね》をそらせて、土方《ひじかた》は話《はな》しはじめた。

「幕府《ばくふ》は、ふたたび長州征伐《ちょうしゅうせいばつ》をしようとしちょる。それをやめさせるには、薩摩《さつま》と長《ちょう》州《しゅう》を仲直《なかなお》りさせるほかはない。ともあれ、西郷《さいごう》さんと木戸《きど》さんにいちど会《お》うてもらおうというんで、慎太郎《しんたろう》は薩摩《さつま》へ、わしは長州《ちょうしゅう》へ来《き》たちゅうわけじゃ。」

龍馬《りょうま》はどんなにうれしかったことか。

「おんしら、わしと同《おな》じことを考《かんが》えちょったか。」

土方《ひじかた》の肩《かた》をたたいて、大声《おおごえ》でわらった。

「木戸《きど》さんなら、古《ふる》い友《とも》だちじゃ。すでに会見《かいけん》を申《もう》しこんでおる。いっしょに会《あ》おう。」

木戸《きど》とは、桂小五郎《かつらこごろう》のことで、ついさいきん、名前《なまえ》をかえたばかりだった。[3]

木戸《きど》は山口《やまぐち》の藩庁《はんちょう》（いまの県庁《けんちょう》）からかけつけてくれた。そのころ、長州藩《ちょうしゅうはん》の藩庁《はんちょう》は、萩《はぎ》から山口《やまぐち》にうつされていた。

[2] 1837〜1891年《ねん》。公家《くげ》尊《そん》王攘夷《のうじょうい》派《は》の中心的人物《ちゅうしんてきじんぶつ》。1862年《ねん》に幕府《ばくふ》を相手《あいて》に、朝廷《ちょうてい》が優位《ゆうい》になる体制《たいせい》をきずいた。しかし、第一次長州征伐後《だいいちじちょうしゅうせいばつご》、太宰府《だざいふ》にうつされ、王政復古《おうせいふっこ》をむかえるまでほかの地《ち》へ行《い》くことをゆるされなかった。
[3] 桂小五郎《かつらこごろう》は、1865年《ねん》に、木戸貫治《きどかんじ》と改名《かいめい》した。その後《ご》、木戸準一郎《きどじゅんいちろう》、新堀松輔《にいほりまつすけ》とも名乗《なの》り、明治《めいじ》になって木戸孝允《きどたかよし》に改名《かいめい》する。本書《ほんしょ》では、読者《どくしゃ》の混乱《こんらん》をさけるため、木戸《きど》に改姓以降《かいせいいこう》は木戸孝允《きどたかよし》と表記《ひょうき》している。

「じつは、木戸《きど》さん、お願《ねが》いがござる。」

龍馬《りょうま》は、正座《せいざ》すると、熱《ねつ》をこめて、薩長連合《さっちょうれんごう》の必要《ひつよう》を説《と》きはじめた。この9か月《げつ》、ねてもさめても、考《かんが》えつづけてきたことを、つつみかくさず話《はな》した。

しかし、話《はなし》を聞《き》きおえた木戸《きど》は、

「せっかくですが、坂本《さかもと》さん、それはだめです。」

首《くび》をふって、きっぱりと言《い》った。

「薩長《さっちょう》が手《て》をむすべば、どんなにいいか、ぼくもそう思《おも》う。だが、薩摩《さつま》のやりくちに、長州人《ちょうしゅうじん》がどんなにはらを立《た》てておるか。長州《ちょうしゅう》では、げたに〈薩賊《さつぞく》〉と書《か》いて、ふみあるくのがはやってるくらいです。長州人《ちょうしゅうじん》は、幕府《ばくふ》より薩摩《さつま》をにくんでいる。」

しかし、龍馬《りょうま》は一歩《いっぽ》もあとに引《ひ》かなかった。

「おっしゃることは、ようわかる。けんども、いまどき、昔《むかし》のうらみなど言《い》っていてはわらわれます。新《あたら》しい日本《にっぽん》をつくって、外敵《がいてき》をふせぐことが第一《だいいち》、それには薩長《さっちょう》が手《て》をむすばなきゃいかんと、わしは言《い》うちょるんじゃ。」

龍馬《りょうま》のふたつの目《め》は、らんらんとかがやいていた。

「いまに、中岡慎太郎《なかおかしんたろう》が、薩摩《さつま》から西郷《さいごう》さんを引《ひ》っぱって、この下関《しものせき》にやってきます。木戸《きど》さん、会《お》うてくれますね。」

「西郷《さいごう》が？」

木戸《きど》はちょっとびっくりしたふうだったが、

「ほんとうにやってくるんだったら、会《あ》ってもよい。」

と、しぶしぶ承知《しょうち》した。龍馬《りょうま》は、胸《むね》をなでおろした。

「しかし、だいじょうぶかな。」

帰《かえ》りぎわに、木戸《きど》が龍馬《りょうま》をふりむいて言《い》った。西郷《さいごう》がたずねてくることを、まだうたがっているようだった。

雨《あめ》のち晴《は》れ

西郷隆盛《さいごうたかもり》と中岡慎太郎《なかおかしんたろう》が乗《の》った胡蝶丸《こちょうまる》が鹿児島《かごしま》を出発《しゅっぱつ》したのは、それから10日《とおか》のちのことであった。

「よろしい。京都《きょうと》へ行《い》く途中《とちゅう》、下関《しものせき》に立《た》ちよって、木戸《きど》と会《あ》おう。」

そう言《い》って、西郷《さいごう》は慎太郎《しんたろう》のたのみを聞《き》きいれてくれたのである。

「じつは、ずっとまえから、坂本《さかもと》さんにもたのまれていたんでごわす。」

とうとう、来《く》るべきときが来《き》たと、西郷《さいごう》は思《おも》った。しかし、龍馬《りょうま》が下関《しものせき》で待《ま》っていることは、西郷《さいごう》は知《し》らない。

ところが、胡蝶丸《こちょうまる》が豊後《ぶんご》（大分県《おおいたけん》）の佐賀関《さがのせき》の港《みなと》に立《た》ちよったとき、京都《きょうと》にいる大《おお》久保利通《くぼとしみち》から、

——至急《しきゅう》、上京《じょうきょう》されたし。

という知《し》らせがとどいた。

――幕府《ばくふ》は、第二次長州征伐《だいにじちょうしゅうせいばつ》の計画《けいかく》をおしすすめ、朝廷《ちょうてい》のゆるしを得《え》ようとしている。どうにかして、それをふせぎたいと思《おも》うので、一刻《いっこく》も早《はや》く、上京《じょうきょう》してほしい。

と言《い》ってきたのである。

「中岡《なかおか》さん、申《もう》しわけなかことができた。」

西郷《さいごう》は、慎太郎《しんたろう》に手紙《てがみ》を見《み》せた。

「残念《ざんねん》だが、下関《しものせき》には、よれなくなりました。」

じつは、西郷《さいごう》は内心《ないしん》ほっとしていた。というのは、船旅《ふなたび》をつづけているうちに、

――なにもわざわざ、こちらから出《で》かけていく必要《ひつよう》はないのではないか。長州藩《ちょうしゅうはん》のほうから、頭《あたま》をさげてくるべきではないのか。

と考《かんが》えるようになっていたからである。薩摩藩《さつまはん》の代表《だいひょう》として、西郷《さいごう》にも意地《いじ》があった。

こうなったら、しかたがない。慎太郎《しんたろう》は、胡蝶丸《こちょうまる》をおり、漁船《ぎょせん》をやとって、ひとり

で下関《しものせき》へ向《む》かった。

そのころ、龍馬《りょうま》は下関《しものせき》の白石正一郎《しらいししょういちろう》の屋敷《やしき》で、慎太郎《しんたろう》が西郷《さいごう》をつれてあらわれるのを、しんぼう強《づよ》く待《ま》っていた。

3日《みっか》がすぎ、5日《いつか》がすぎた。だが、待《ま》ち人《びと》はあらわれない。龍馬《りょうま》は、西郷《さいごう》と木戸《きど》の会見《かいけん》に、大《おお》きな期待《きたい》をかけていた。

ちょうど梅雨《つゆ》の季節《きせつ》だったが、めずらしく晴《は》れた日《ひ》の夕方《ゆうがた》、ついに待《ま》ち人《びと》が姿《すがた》をあらわした。しかし、中岡慎太郎《なかおかしんたろう》ひとりだけだった。

「すまん、失敗《しっぱい》じゃった。」

慎太郎《しんたろう》は、うなだれた。さすがの龍馬《りょうま》も、ぼうぜんとしている。

そこへ木戸《きど》が入《はい》ってきた。かれも、ずっと下関《しものせき》にいて、西郷《さいごう》がやってくるのを、今日《きょう》か明日《あす》かと、待《ま》ちわびていたのだった。

冷静《れいせい》なことで知《し》られる木戸《きど》だったが、慎太郎《しんたろう》の報告《ほうこく》を聞《き》くと、まっ赤《か》になっておこった。

「また、薩摩《さつま》にだまされたか。」

木戸《きど》は、こぶしをにぎりしめた。

「きみたちが、ぜひ西郷《さいごう》に会《あ》えと言《い》うから、ぼくは自分《じぶん》の首《くび》をかけて、藩主《はんしゅ》をはじめ、おえら方《がた》を説得《せっとく》した。それなのに、このしまつだ。いったい、どうしてくれる。」

「これからただちに、中岡《なかおか》と京都《きょうと》に行《い》って、西郷《さいごう》さんをつれてきます。」

龍馬《りょうま》は立《た》ちあがった。そのまま、表《おもて》へとびだしそうな勢《いきお》いだった。

「坂本君《さかもとくん》、まあ、待《ま》ちたまえ。」

落《お》ち着《つ》きをとりもどして、木戸《きど》が言《い》った。

「いまさら、あわててもしかたがない。そこで、ひとつ提案《ていあん》がある。」

「なんです？」

「薩摩藩《さつまはん》にたのんで、長崎《ながさき》で外国《がいこく》から鉄砲《てっぽう》や船《ふね》を買《か》ってもらえないだろうか。もし、それができたら、薩摩《さつま》は長州《ちょうしゅう》と仲直《なかなお》りをしようとしている証拠《しょうこ》になるし、ぼくの顔《かお》も立《た》つ。」

幕府軍《ばくふぐん》との戦《たたか》いにそなえるために、長州藩《ちょうしゅうはん》は武器《ぶき》を必要《ひつよう》としていたが、朝敵《ちょうてき》ということで、外国《がいこく》の商人《しょうにん》が武器《ぶき》を売《う》ってくれず、こまりはてていた。だが、薩摩藩《さつまはん》なら、いくらでも買《か》える。いかにも頭《あたま》の切《き》れる木戸《きど》が考《かんが》えだしそうなことだった。

「わかった。それを薩摩《さつま》にやらせましょう。」

力強《ちからづよ》く、龍馬《りょうま》は答《こた》えた。

「じつは、わしもそのことを考《かんが》えちょりました。」

雨《あめ》のち晴《は》れとは、このことだろう。龍馬《りょうま》と木戸《きど》は、だまってかたく手《て》をにぎりあった。

「おんし、ほんとうにだいじょうぶか。」

木戸《きど》が帰《かえ》ったあと、慎太郎《しんたろう》が心配《しんぱい》そうにたずねた。

「まかしときや。」

龍馬《りょうま》は、胸《むね》をぽんとたたいた。

「長崎《ながさき》で、高松《たかまつ》らが商売《しょうばい》を始《はじ》めちょる。この仕事《しごと》は、あの連中《れんちゅう》にうってつけじゃよ。」

木戸《きど》の話《はなし》を聞《き》いたときから、この武器《ぶき》を買《か》いいれる仕事《しごと》は、いま薩摩藩《さつまはん》の小松帯刀《こまつたてわき》らといっしょに長崎《ながさき》に行《い》っている、元海軍操練所《もとかいぐんそうれんじょ》の仲間《なかま》たちにやらせようと、龍馬《りょうま》は心《こころ》に決《き》めていた。かれらなら、きっとうまくやるにちがいない。

「善《ぜん》は急《いそ》げじゃ。長崎《ながさき》に知《し》らせておこう。」

龍馬《りょうま》は、長崎《ながさき》にいる仲間《なかま》にあてて、さっそく手紙《てがみ》を書《か》いた。

それからまもなく、龍馬《りょうま》は慎太郎《しんたろう》とともに、西郷《さいごう》に会《あ》うために京都《きょうと》へ向《む》かった。

武市半平太《たけちはんぺいた》の死《し》を知《し》ったのは、その旅《たび》の途中《とちゅう》だった。土佐《とさ》で牢屋《ろうや》につながれていた半平太《はんぺいた》は、山内容堂《やまうちようどう》の命令《めいれい》で切腹《せっぷく》し、37歳《さい》の生涯《しょうがい》を終《お》えたのである。［4］

「同志《どうし》がまたひとり、あの世《よ》へ行《い》きよったか。」


［4］武市半平太《たけちはんぺいた》は、1865年《ねん》5月《がつ》11日《にち》に死去《しきょ》した。龍馬《りょうま》が武市半平太《たけちはんぺいた》の死《し》を知《し》った時《じ》期《き》は、はっきりとはわかっていない。

と、龍馬《りょうま》はつぶやいた。半平太《はんぺいた》は、龍馬《りょうま》の生《い》き方《かた》に大《おお》きな影響《えいきょう》をあたえたひとりだった。その夜《よ》、宿《やど》の暗《くら》い部屋《へや》で、龍馬《りょうま》は男泣《おとこな》きに泣《な》いた。

龍馬《りょうま》と慎太郎《しんたろう》が、京都《きょうと》の薩摩藩《さつまはん》の屋敷《やしき》に着《つ》くと、

「坂本《さかもと》さん、すまんことをした。」

龍馬《りょうま》の顔《かお》を見《み》るなり、西郷《さいごう》はふかぶかと頭《あたま》をさげた。大男《おおおとこ》の西郷《さいごう》が、まるで約束《やくそく》をやぶった子《こ》どものように、かしこまった顔《かお》をしている。

龍馬《りょうま》が武器買《ぶきか》い入《い》れの話《はなし》を持《も》ちだすと、

「わかりもした。坂本《さかもと》さんにまかせます。」

二《ふた》つ返事《へんじ》で、西郷《さいごう》は承知《しょうち》した。木戸《きど》と会《あ》う約束《やくそく》はやぶったが、長州藩《ちょうしゅうはん》と仲直《なかなお》りしようという西郷《さいごう》の気持《きも》ちは、かわっていなかった。

「善《ぜん》は急《いそ》げじゃ。さっそく、長州《ちょうしゅう》に知《し》らせよう。」

龍馬《りょうま》は目《め》をかがやかせて、

「いよいよ、長崎《ながさき》の亀山社中《かめやましゃちゅう》の出番《でばん》が来《き》たぞ。」

と、慎太郎《しんたろう》の耳《みみ》もとでささやいた。

亀山社中《かめやましゃちゅう》とは、いま長崎《ながさき》にいる龍馬《りょうま》の仲間《なかま》たちのことであった。薩摩藩《さつまはん》の小松帯刀《こまつたてわき》らとともに鹿児島《かごしま》から長崎《ながさき》にやってきたかれらは、薩摩藩《さつまはん》の物資《ぶっし》を輸送《ゆそう》する仕事《しごと》にたずさわりながら、航海術《こうかいじゅつ》の勉強《べんきょう》をつづけていた。

仲間《なかま》は、約《やく》20名《めい》。高松太郎《たかまつたろう》、千屋寅之助《ちやとらのすけ》をはじめ、土佐《とさ》のまんじゅう屋《や》の子《こ》の上杉《うえすぎ》宗次郎《そうじろう》、元紀州藩士《もときしゅうはんし》の陸奥陽之助《むつようのすけ》（のちの宗光《むねみつ》）などがいた。長崎《ながさき》の亀山《かめやま》に宿舎《しゅくしゃ》があったので、亀山社中《かめやましゃちゅう》と名乗《なの》った。「社中《しゃちゅう》」とは仲間《なかま》のことで、亀山社中《かめやましゃちゅう》は、日本《にっぽん》で最初《さいしょ》の商社《しょうしゃ》だといわれている。亀山社中《かめやましゃちゅう》を結成《けっせい》したのは、高松《たかまつ》や上杉《うえすぎ》らだったが、それを指図《さしず》したのは龍馬《りょうま》だった。

8月半《がつなか》ばのある日《ひ》、長州藩《ちょうしゅうはん》の井上聞多《いのうえもんた》（のちの馨《かおる》）と伊藤俊輔《いとうしゅんすけ》（のちの博文《ひろぶみ》）〔5〕が長崎《ながさき》の亀山社中《かめやましゃちゅう》をたずねてきた。龍馬《りょうま》からの知《し》らせを受《う》けて、かけつけてきたのである。

井上《いのうえ》は31歳《さい》、伊藤《いとう》は25歳《さい》で、ふたりとも、短《みじか》い期間《きかん》だったが、2年《ねん》まえにイギリスに留学《りゅうがく》したことがあり、外国《がいこく》の事情《じじょう》にもくわしかった。

「坂本《さかもと》さんから話《はなし》は聞《き》いています。われわれにおまかせください。」

上杉《うえすぎ》や高松《たかまつ》らは、さっそく井上《いのうえ》と伊藤《いとう》を薩摩藩《さつまはん》に紹介《しょうかい》し、武器買《ぶきか》い入《い》れの話《はなし》はとんとんびょうしに進《すす》んだ。そして、亀山社中《かめやましゃちゅう》の世話《せわ》で、イギリスの商人《しょうにん》グラバー［6］から、7000ちょうの銃《じゅう》を買《か》いいれた。

8月《がつ》の末《すえ》、井上《いのうえ》と伊藤《いとう》は、銃《じゅう》を積《つ》んだ薩摩藩《さつまはん》の船《ふね》に乗《の》りこみ、下関《しものせき》に帰《かえ》ってきた。さらに、長州藩《ちょうしゅうはん》は薩摩藩《さつまはん》の名《な》で、グラバー商会《しょうかい》から軍艦《ぐんかん》ユニオン号《ごう》を買《か》いいれた。長州藩《ちょうしゅうはん》は、この軍艦《ぐんかん》を乙丑丸《いっちゅうまる》と名《な》づけた。こうして、薩長連合《さっちょうれんごう》への道《みち》は、一歩《いっぽ》ずつ切《き》りひらかれていった。

龍馬《りょうま》がふたたび木戸《きど》に会《あ》いに行《い》ったのは、10月《がつ》のことである。龍馬《りょうま》は木戸《きど》に、

「京都《きょうと》にいる薩摩藩《さつまはん》の兵士《へいし》の食糧《しょくりょう》を、下関《しものせき》で買《か》えるようにしてほしい。」

とたのんだ。

そのころ、薩摩藩《さつまはん》は兵士《へいし》をぞくぞくと京都《きょうと》に送《おく》っていたが、食糧不足《しょくりょうぶそく》になやまされ

ていた。薩摩《さつま》では米《こめ》があまりとれないが、長州《ちょうしゅう》は米《こめ》どころとして知《し》られている。

「長州《ちょうしゅう》が米《こめ》を売《う》ってくれると、ありがたいのだが。」

と、西郷《さいごう》も言《い》っていた。そこで、龍馬《りょうま》はその仲立《なかだ》ちをすることにしたのである。武器《ぶき》や軍艦《ぐんかん》を世話《せわ》してもらったお礼《れい》に、米《こめ》を分《わ》けてやれば、薩摩《さつま》と長州《ちょうしゅう》は、おたがいあいこになって、仲直《なかなお》りはさらに進《すす》むだろう。

「いいですとも。」

さらに龍馬《りょうま》は、真剣《しんけん》な表情《ひょうじょう》で、

［５］１８４１～１９０９年《ねん》。政治家《せいじか》。吉田松陰《よしだしょういん》に学《まな》び、尊皇攘夷運動《そんのうじょういうんどう》にくわわった。イギリスに留学中《りゅうがくちゅう》、第一次長州征伐《だいいちじちょうしゅうせいばつ》を知《し》って帰国《きこく》する。明治政府《めいじせいふ》では、明治憲法《めいじけんぽう》を立案《りつあん》し、初代総理大臣《しょだいそうりだいじん》となる。

［６］１８３８～１９１１年《ねん》。イギリスの貿易商人《ぼうえきしょうにん》。長崎《ながさき》でグラバー商会《しょうかい》をつくり、茶《ちゃ》や生糸《きいと》などの輸出《ゆしゅつ》をしていたが、１８６３年《ねん》に会津藩《あいづはん》と薩摩藩《さつまはん》が、京都《きょうと》から長州藩《ちょうしゅうはん》の勢力《せいりょく》を追《お》いだすと、各藩《かくはん》に武器《ぶき》を売《う》ることで巨額《きょがく》の富《とみ》をきずいた。

「西郷《さいごう》さんが、会《あ》いたいと言《い》っちょります。ぜひ、京都《きょうと》に行《い》ってください。」

木戸《きど》をじっと見《み》つめて、言《い》った。これがもっとも大切《たいせつ》な用件《ようけん》だった。とたんに、木《き》戸《ど》の顔色《かおいろ》がくもった。

「ぼくからたずねろというのか。」

約束《やくそく》をやぶられたことを、木戸《きど》はまだ気《き》にしているようだった。

「なにをぐずぐず言《い》っちょります。日本《にっぽん》のためです。日本《にっぽん》のために会《あ》ってくだされ。」

しばらく木戸《きど》は考《かんが》えていたが、龍馬《りょうま》の熱意《ねつい》に打《う》たれ、

「わかった。12月《がつ》に会《あ》いにいきましょう。」

と答《こた》えた。

龍馬《りょうま》が、木戸《きど》とならぶ長州藩《ちょうしゅうはん》のリーダーである高杉晋作《たかすぎしんさく》とはじめて会《あ》ったのも、このときである。晋作《しんさく》はちょんまげを切《き》り、髪《かみ》を七三《しちさん》に分《わ》けていた。

晋作《しんさく》も新《あたら》しい日本《にっぽん》をつくるためには、薩長連合《さっちょうれんごう》が必要《ひつよう》だと考《かんが》えていたので、龍馬《りょうま》とはたちまち気《き》が合《あ》い、

「坂本《さかもと》さん、これからも、どうかよろしく。もしものときには、これをお使《つか》いなさい。」

別《わか》れぎわに、ピストルを1ちょうプレゼントしてくれた。3年《ねん》まえに、晋作《しんさく》が清国《しんこく》の上海《シャンハイ》に出《で》かけたとき、買《か》ったものだった。

それからまもなく、龍馬《りょうま》は長崎《ながさき》に姿《すがた》をあらわした。そしてひと晩《ばん》、亀山社中《かめやましゃちゅう》の仲間《なかま》たちと酒《さけ》を飲《の》み、どんちゃんさわぎをした。

「さあ、日本《にっぽん》の夜明《よあ》けは近《ちか》いぞ。」

さかずきをあげて、龍馬《りょうま》はさけんだ。薩長連合《さっちょうれんごう》のおぜんだてがととのったことが、龍馬《りょうま》にはうれしくてならなかったのである。

木戸孝允《きどたかよし》らの一行《いっこう》が、船《ふね》で京都《きょうと》へ出発《しゅっぱつ》したのは、1865（慶応《けいおう》1）年《ねん》もおしつまった12月《がつ》27日《にち》のことだった。

長州藩《ちょうしゅうはん》のなかには、薩摩藩《さつまはん》をにくむ人《ひと》がまだおおぜいいて、なかなか出発《しゅっぱつ》できな

かったのだが、
「このような機会《きかい》は、二度《にど》とないでしょう。木戸《きど》さん、行《い》ってきてください。」
高杉晋作《たかすぎしんさく》にそうはげまされたこともあって、木戸《きど》は龍馬《りょうま》との約束《やくそく》をはたすことにしたのである。

年《とし》が明《あ》けて、1866（慶応《けいおう》2）年《ねん》1月8日《がつようか》、京都《きょうと》に着《つ》いた木戸《きど》らは薩摩藩邸《さつまはんてい》に入《はい》り、西郷隆盛《さいごうたかもり》、大久保利通《おおくぼとしみち》、小松帯刀《こまつたてわき》らとの会談《かいだん》を始《はじ》めた。

ところが、世間話《せけんばなし》ばかりしていて、どちら側《がわ》も、いっこうにかんじんの話《はなし》を切《き》りだそうとしない。木戸《きど》にも西郷《さいごう》にも、意地《いじ》というものがある。自分《じぶん》のほうからあやまるのがいやだったのだ。

龍馬《りょうま》がひそかに伏見《ふしみ》にやってきたのは、会談《かいだん》が始《はじ》まって11日後《にちご》のことだった。長州藩士《ちょうしゅうはんし》の三吉慎蔵《みよししんぞう》といっしょだった。京都《きょうと》では、幕府《ばくふ》の役人《やくにん》や新選組《しんせんぐみ》が龍馬《りょうま》の命《いのち》をつけねらっているというので、護衛《ごえい》として三吉《みよし》がついてきたのである。伏見《ふしみ》で寺田屋《てらだや》にとまり、翌日《よくじつ》、龍馬《りょうま》は京都《きょうと》に向《む》かった。

薩摩藩邸《さつまはんてい》に入《はい》り、まず木戸《きど》に会《あ》うと、

「ぼくは、明日《あす》、もう帰《かえ》ろうと思《おも》っている。西郷《さいごう》は、仲直《なかなお》りについては一言《ひとこと》も言《い》わぬ。」

と、木戸《きど》はくちびるをかみしめた。

「じゃ、10日《とおか》もなにをしていたんです。」

「毎日《まいにち》、ごちそうばかり食《た》べていた。」

「木戸《きど》さん。」

龍馬《りょうま》は、木戸《きど》の前《まえ》ですわりなおした。

「ここまで来《き》て、まだ意地《いじ》をはっちょるのですか。おんしもおんしだが、西郷《さいごう》さんも西郷《さいごう》さんだ。」

龍馬《りょうま》はまっ赤《か》になって立《た》ちあがると、廊下《ろうか》づたいに、西郷《さいごう》のいる部屋《へや》へ走《はし》った。

「西郷《さいごう》さん、このざまはなんです！」

龍馬《りょうま》はこぶしをにぎりしめ、一言《ひとこと》ひとこと、力《ちから》をこめて言《い》った。

「おんしは、薩摩《さつま》と日本全体《にっぽんぜんたい》のことと、どっちが大事《だいじ》だと考《かんが》えちょるんですか。」

龍馬《りょうま》にはげしくせめられて、

「いや、おいどんがわるうごわした。おいどんのほうから話《はな》しましょう。」

と、西郷《さいごう》は言《い》った。

龍馬《りょうま》が木戸《きど》と西郷《さいごう》を説得《せっとく》したことがきっかけとなって、会談《かいだん》はすらすらと進《すす》むようになり、1月《がつ》21日《にち》、幕府《ばくふ》をたおすために、薩摩藩《さつまはん》と長州藩《ちょうしゅうはん》が協力《きょうりょく》しあうことが決《き》まった。これを薩長連合《さっちょうれんごう》という。徳川幕府《とくがわばくふ》がたおれるのは、このときに決《き》まったといってもいいだろう。

寺田屋《てらだや》でおそわれる

その2日後《ふつかご》の夜《よる》のことである。

龍馬《りょうま》は、くつろぐために、伏見《ふしみ》にある寺田屋《てらだや》にもどることにした。寺田屋《てらだや》には、三《み》吉慎蔵《よししんぞう》がとまりこんでいた。

龍馬《りょうま》の恋人《こいびと》のお龍《りょう》も、ここではたらいている。お龍《りょう》にも、ゆっくりと会《あ》っておきたかった。

「三吉君《みよしくん》、とうとう薩摩《さつま》と長州《ちょうしゅう》が握手《あくしゅ》した。日本《にっぽん》はかわるぞ。」

龍馬《りょうま》は、薩長連合《さっちょうれんごう》が成立《せいりつ》したことを三吉《みよし》に報告《ほうこく》してから、ひとふろあびて、ゆかたに着《き》がえると、

「さあ、今晩《こんばん》はおおいに飲《の》もう。」

2階《かい》のおくの部屋《へや》で、一杯《いっぱい》やりはじめた。

伏見奉行《ふしみぶぎょう》（いまの警察《けいさつ》）の手下《てした》たちがおよそ100人《にん》、寺田屋《てらだや》のまわりをとりかこんだのは、そのころである。だが、龍馬《りょうま》たちはそんなことは知《し》らない。

「さて、そろそろねるか。」

深夜《しんや》3時《じ》ころになって、龍馬《りょうま》がふとんに横《よこ》になろうとしたとき、

「坂本《さかもと》さま、捕《と》り手《て》が……。」

とつぜん、お龍《りょう》の声《こえ》がした。見《み》ると、てぬぐい1枚《まい》つかんだまま、お龍《りょう》がはだかで立《た》っていた。

ふろに入《はい》っていたお龍《りょう》は、外《そと》で人《ひと》の動《うご》く気配《けはい》がするのに気《き》づき、そっと切《き》り窓《まど》からのぞいてみた。槍《やり》を持《も》った人影《ひとかげ》が見《み》える。それも5人《にん》や10人《にん》ではない。そこでお龍《りょう》は、一刻《いっこく》も早《はや》く龍馬《りょうま》に知《し》らせようと、はだかのまま、裏階段《うらかいだん》をかけのぼってきたのである。

「来《き》たか。」

龍馬《りょうま》はこっくりうなずくと、腰《こし》に刀《かたな》をさし、床《とこ》の間《ま》においたピストルに手《て》をのばした。高杉晋作《たかすぎしんさく》からもらったピストルである。

槍《やり》の名人《めいじん》の三吉《みよし》も、槍《やり》をしごきはじめた。

玄関《げんかん》がたたきこわされ、ちょうちんをかかげた捕《と》り手《て》たちが、なだれこんできた。

捕《と》り手《て》たちは、槍《やり》をかまえ、階段《かいだん》を一歩《いっぽ》一歩《いっぽ》のぼってくる。

「わしらが薩摩藩士《さつまはんし》と知《し》っての無礼《ぶれい》か！」

三吉《みよし》が大声《おおごえ》でさけんだ。

「そのほうは、土佐浪人《とさろうにん》の坂本龍馬《さかもとりょうま》。幕府《ばくふ》の逆賊《ぎゃくぞく》。上意《じょうい》であるぞ、神妙《しんみょう》にしろ！」

先頭《せんとう》に立《た》つ役人《やくにん》が、どなりかえした。かれらは、2階《かい》にいる男《おとこ》が坂本龍馬《さかもとりょうま》であることをつきとめていたのである。

「たあっ！」

かけ声《ごえ》もろとも、龍馬《りょうま》めがけて、槍《やり》がつきだされた。龍馬《りょうま》はピストルの引《ひ》き金《がね》を引《ひ》いた。青《あお》いけむりが立《た》ちこめ、捕《と》り手《て》のひとりが、階段《かいだん》から転《ころ》げおちた。

捕《と》り手《て》たちは、ちょっとひるんだが、今度《こんど》は、槍《やり》を投《な》げつけてきた。三吉《みよし》が、手《て》にした槍《やり》でそれをはらう。そのすきを見《み》て、敵《てき》はひとりまたひとり、2階《かい》にかけあがってくる。

龍馬《りょうま》が2発目《はつめ》のピストルをうったとき、横《よこ》から刀《かたな》で切《き》りつけられ、ピストルをにぎった龍馬《りょうま》の両手《りょうて》から血《ち》がほとばしった。右《みぎ》の親指《おやゆび》と、左《ひだり》の親指《おやゆび》から人《ひと》さし指《ゆび》にかけての根《ね》もとを切《き》りさかれたのだった。

パーン、パーン！

龍馬《りょうま》は、それからつづけて2発《はつ》うった。ピストルは6連発《れんぱつ》だったが、たまは5発《はつ》しかこめていなかったので、残《のこ》りは1発《ぱつ》しかない。そこで、たまをつめかえようとしたが、指《ゆび》をけがしているので、うまくいかない。

龍馬《りょうま》は、ピストルを投《な》げすてると、

「三吉《みよし》、筒《つつ》はすてたぞ！」

とさけんで、刀《かたな》に手《て》をかけた。三吉《みよし》はちらっとふりかえり、

「よし、切《き》りこもう。」

血《ち》まみれの槍《やり》をかざした。

「待《ま》て。こんなところで、命《いのち》を落《お》とすのはばかばかしい。にげるんだ。」

龍馬《りょうま》は、三吉《みよし》のそでをとらえると、落《お》ち着《つ》きはらって言《い》った。

幸《さいわ》い、捕《と》り手《て》たちは、ピストルをおそれて、階段《かいだん》ぎわまでしりぞいている。しかも、あたりはまっ暗《くら》である。

ふたりは、はいながら廊下《ろうか》に出《で》ると、そろそろと裏階段《うらかいだん》をおりた。1階《かい》でも、捕《と》り手《て》たちが見張《みは》りをつづけていたが、裏口《うらぐち》のほうには、見張《みは》りの姿《すがた》はない。

「行《い》くぞ。」

龍馬《りょうま》と三吉《みよし》は裏庭《うらにわ》に出《で》ると、せまい路地《ろじ》をかけだそうとしたが、そのとき、

「にげたぞ。裏《うら》をさがせ！」

捕《と》り手《て》たちの声《こえ》が聞《き》こえた。このままでは、やがてつかまるだろう。

「よし、この家《いえ》をつきぬけよう。」

まるで強盗《ごうとう》だが、これしか方法《ほうほう》はない。ふたりは、寺田屋《てらだや》と背中合《せなかあ》わせになっている家《いえ》の雨戸《あまど》を打《う》ちやぶって中《なか》に入《はい》り、部屋《へや》を通《とお》りぬけて、

「それっ。」

玄関《げんかん》を、また体当《たいあ》たりでやぶって、反対側《はんたいがわ》の通《とお》りに出《で》た。

その家《いえ》には、人《ひと》が住《す》んでいるはずだったが、だれひとり姿《すがた》をあらわさなかった。この捕物《とりもの》さわぎにおどろいて、おし入《い》れの中《なか》にでもかくれていたのだろう。

通《とお》りに出《で》た龍馬《りょうま》と三吉《みよし》は、走《はし》りに走《はし》った。寒《さむ》かったが、星《ほし》のきれいな夜《よる》だった。

捕《と》り手《て》たちをまくために、横道《よこみち》に入《はい》り、堀《ほり》を泳《およ》いでわたり、材木小屋《ざいもくごや》にはいあがった。ふたりは、もうへとへとだった。

ずぶぬれになったので、こごえそうに寒《さむ》い。歯《は》がガチガチ鳴《な》る。龍馬《りょうま》はふるえながら、出血《しゅっけつ》の止《と》まらない指《ゆび》をなめていた。

堀《ほり》の向《む》こうに、ちょうちんの灯《あか》りが見《み》える。ふりむくと、反対側《はんたいがわ》にも、ちょうちんの灯《あか》りがゆれている。どうやら、敵《てき》にとりかこまれたらしい。

「夜明《よあ》けまでには、つかまります。いさぎよく、はらを切《き》りましょう。」

そう言《い》って、腰《こし》の刀《かたな》に手《て》をかけた三吉《みよし》を、

「ばかなことをするんじゃない。死《し》ぬのは、いつでも死《し》ねる。」

と、龍馬《りょうま》はしかりつけた。

「わしは動《うご》けんが、きみはまだ動《うご》ける。いちかばちか、薩摩屋敷《さつまやしき》まで走《はし》ってみないか。」

龍馬《りょうま》はひざに刀《かたな》をかかえ、不敵《ふてき》にもわらっている。その一言《ひとこと》に勇気《ゆうき》づけられた三吉《みよし》は、

「やってみましょう。」

ゆっくり立《た》ちあがると、闇《やみ》の中《なか》に消《き》えていった。

薩摩藩《さつまはん》の手《て》によって、龍馬《りょうま》がかくれひそんでいた材木小屋《ざいもくごや》からすくいだされたのは、夜《よ》が明《あ》けてまもなくだった。三吉慎蔵《みよししんぞう》は、ぶじに薩摩藩邸《さつまはんてい》にたどりついたのである。

寺田屋《てらだや》の事件《じけん》を聞《き》いたとき、西郷《さいごう》は、

「なんちゅうことだ。」

と、まっ赤《か》になっておこった。

この事件《じけん》では、伏見奉行《ふしみぶぎょう》の捕《と》り手《て》たちがふたり死《し》に、3名《めい》が重体《じゅうたい》、7名《めい》が重軽傷《じゅうけいしょう》を負《お》った。奉行所《ぶぎょうしょ》は、薩摩屋敷《さつまやしき》に龍馬《りょうま》と三吉《みよし》の身柄《みがら》を引《ひ》きわたすよう、要求《ようきゅう》してくるかもしれない。

「勝手《かって》なことをしよって。兵力《へいりょく》にうったえてでも、ことわるぞ。」

と、西郷《さいごう》は心《こころ》に決《き》めた。

予想《よそう》したとおり、奉行所《ぶぎょうしょ》の使者《ししゃ》が、ふたりの身柄《みがら》を引《ひ》きわたすよう、申《もう》しいれてきた。

しかし、薩摩藩《さつまはん》は、

「さような者《もの》は知《し》りません。」

と言《い》って、はねつけた。京都《きょうと》での薩摩藩《さつまはん》の勢力《せいりょく》は強《つよ》い。さすがの奉行所《ぶぎょうしょ》も、薩摩藩邸《さつまはんてい》にのりこんでまで、調《しら》べることはできなかった。

九死《きゅうし》に一生《いっしょう》を得《え》た龍馬《りょうま》は、かつぎこまれた薩摩藩邸《さつまはんてい》で、3日間《みっかかん》こんこんとねむった。

寺田屋《てらだや》からお龍《りょう》がかけつけ、夜《よる》もろくろくねないで、看病《かんびょう》にあたった。

指《ゆび》からの出血《しゅっけつ》がよほどひどかったのだろう。起《お》きあがれるようになってからも、よくめまいがした。

2月半《がつなか》ばに、長州《ちょうしゅう》から京都《きょうと》のようすをさぐりにきた中岡慎太郎《なかおかしんたろう》が、龍馬《りょうま》を見舞《みま》いにおとずれた。

「中岡《なかおか》さん、なこうどになってくだされ。」

そこで、龍馬《りょうま》は慎太郎《しんたろう》に立《た》ちあってもらい、お龍《りょう》と形《かたち》ばかりの結婚式《けっこんしき》をあげた。ふたりが知《し》りあって、1年《ねん》10か月目《げつめ》のことだった。

それからまもなく、龍馬《りょうま》はお龍《りょう》とともに、薩摩藩《さつまはん》の船《ふね》で、大坂《おおざか》から鹿児島《かごしま》に向《む》かった。西郷《さいごう》もいっしょだった。

この鹿児島《かごしま》行《ゆ》きは、龍馬《りょうま》とお龍《りょう》にとっては新婚旅行《しんこんりょこう》だった。これが、わが国《くに》の新婚《しんこん》旅行《りょこう》の最初《さいしょ》だといわれている。

鹿児島《かごしま》でしばらくすごしたのち、ふたりは塩浸温泉《しおびたしおんせん》へ出《で》かけた。

「傷《きず》によくきく温泉《おんせん》があるから、ぜひ行《い》かれるといい。」

と、西郷《さいごう》にすすめられたからである。

約《やく》1か月《げつ》、龍馬《りょうま》とお龍《りょう》は、塩浸温泉《しおびたしおんせん》をはじめ、霧島《きりしま》の山麓《さんろく》の温泉《おんせん》をいくつもめぐった。霧島山《きりしまやま》にも登《のぼ》った。

塩浸温泉《しおびたしおんせん》で、龍馬《りょうま》は姉《あね》の乙女《おとめ》に手紙《てがみ》を書《か》いた。

——まこと、ここはこの世《よ》の外《ほか》かと思《おも》われるほど、めずらしいところです。ここには10日《とおか》ばかり、とどまり遊《あそ》び、谷川《たにがわ》の流《なが》れで魚《さかな》をつったり、ピストルで鳥《とり》をうったりして、じつに楽《たの》しいひとときをすごしました。

この10年間《ねんかん》で、龍馬《りょうま》がこんなにのんびりとくらしたのは、はじめてだった。このあいだだけは、世《よ》の中《なか》のこともすっかりわすれることができた。

しかし、いつまでも新婚気分《しんこんきぶん》にひたっているわけにはいかなかった。龍馬《りょうま》が手《て》がけなければならない仕事《しごと》は、まだいくつもあった。

ちょうどそのころ、幕府軍《ばくふぐん》はふたたび長州《ちょうしゅう》目指《めざ》して進撃《しんげき》を始《はじ》め、長州軍《ちょうしゅうぐん》は国境《こっきょう》の守《まも》りをかためつつあった。これを第二次長州征伐《だいにじちょうしゅうせいばつ》という。

京都《きょうと》での西郷隆盛《さいごうたかもり》、木戸孝允《きどたかよし》、坂本龍馬《さかもとりょうま》の三者会談《さんしゃかいだん》で、薩摩藩《さつまはん》は幕府軍《ばくふぐん》にくわわらないという約束《やくそく》がとりかわされていた。日本《にっぽん》でもっとも強《つよ》い軍隊《ぐんたい》のひとつである薩摩《さつま》軍《ぐん》を敵《てき》にしないですむことは、長州軍《ちょうしゅうぐん》にとってありがたいことだった。

5月1日朝《がつついたちあさ》、龍馬《りょうま》は鹿児島《かごしま》で、ワイル・ウェフ号《ごう》が姿《すがた》をあらわすのを待《ま》っていた。ワイル・ウェフ号《ごう》は、亀山社中《かめやましゃちゅう》の専用《せんよう》の船《ふね》として、薩摩藩《さつまはん》が長崎《ながさき》で買《か》いいれてくれた帆船《はんせん》であった。

「よし、この船《ふね》で海《うみ》をかけめぐるぞ。」

たとえ帆船《はんせん》であれ、夢《ゆめ》にまで見《み》た、自分《じぶん》たちの船《ふね》が手《て》に入《はい》ったのである。龍馬《りょうま》の胸《むね》ははずんだ。

ワイル・ウェフ号《ごう》は、ユニオン号《ごう》(長州藩《ちょうしゅうはん》での名《な》は乙丑丸《いっちゅうまる》)にひきいられてやってくるはずだった。ユニオン号《ごう》は、下関《しものせき》で米《こめ》を積《つ》み、鹿児島《かごしま》に向《む》かう途中《とちゅう》、長崎《ながさき》に立《た》ちより、ワイル・ウェフ号《ごう》を案内《あんない》してきたはずだった。

ところが、港《みなと》に入《はい》ってきたのは、ユニオン号《ごう》1隻《せき》だった。ワイル・ウェフ号《ごう》は、数《すう》日《じつ》まえ、五島列島《ごとうれっとう》の沖《おき》であらしにあい、破船《はせん》してしまったという。

「なんちゅうことだ。」

乗《の》りこんでいた亀山社中《かめやましゃちゅう》の15名《めい》のうち、助《たす》かったのはわずか3名《めい》。龍馬《りょうま》の喜《よろこ》びは、一瞬《いっしゅん》にして、深《ふか》い悲《かな》しみにかわった。

しかも、ユニオン号《ごう》がせっかく運《はこ》んできた米《こめ》を、

「いまにも戦争《せんそう》が始《はじ》まろうとしている長州《ちょうしゅう》から、米《こめ》をもらうわけにはいかない。」

薩摩藩側《さつまはんがわ》は、そう言《い》って受《う》けとろうとしない。長州《ちょうしゅう》の米《こめ》を薩摩《さつま》に世話《せわ》したのは龍馬《りょうま》である。

「さて、どうしたものか。」

龍馬《りょうま》がほとほとこまっていると、

「坂本《さかもと》さん、おはんにまかせます。腕《うで》の見《み》せどころではごわせんか。」

と、西郷《さいごう》は頭《あたま》をペコリとさげて言《い》った。

そこで、龍馬自《りょうまみずか》らユニオン号《ごう》に乗《の》りこみ、長州《ちょうしゅう》に米《こめ》を送《おく》りかえすことになった。

途中《とちゅう》、遭難《そうなん》したワイル・ウェフ号《ごう》の仲間《なかま》の霊《れい》をなぐさめるため、五島列島《ごとうれっとう》に立《た》ちより、海岸《かいがん》に碑《ひ》をたてた。さらに長崎《ながさき》に立《た》ちよって、お龍《りょう》をおろした。長崎《ながさき》で琴《こと》を習《なら》いたいと、お龍《りょう》が言《い》っていたからである。

いっぽう、長州《ちょうしゅう》では、すでに戦《たたか》いの火《ひ》ぶたが切《き》られていた。6月7日《がつなのか》、幕府軍《ばくふぐん》は、大島口《おおしまぐち》（山口県大島郡《やまぐちけんおおしまぐん》）、芸州口《げいしゅうぐち》（広島県《ひろしまけん》）、石州口《せきしゅうぐち》（島根県《しまねけん》）、九州口《きゅうしゅうぐち》（福岡県《ふくおかけん》）の四方《しほう》から長州《ちょうしゅう》にせめこんだ。そこで、長州《ちょうしゅう》では、これを四境戦争《しきょうせんそう》とよんだ。

幕府軍《ばくふぐん》は、海軍《かいぐん》の根城《ねじろ》とするために、まず瀬戸内海《せとないかい》の大島《おおしま》をねらった。幕府《ばくふ》の艦隊《かんたい》は、海上《かいじょう》から町《まち》や村《むら》に大砲《たいほう》をあびせたのち、軍隊《ぐんたい》を上陸《じょうりく》させて、たちまち大島《おおしま》をうばいとってしまった。

高杉晋作《たかすぎしんさく》が指揮《しき》をとる、わずか94トンの蒸気船丙寅丸《じょうきせんへいいんまる》が、大島沖《おおしまおき》の幕府《ばくふ》の艦隊《かんたい》になぐりこみをかけたのは、6月12日深夜《がつにちしんや》のことであった。不意《ふい》をつかれて、あわてふためいた幕府《ばくふ》の艦隊《かんたい》は、味方《みかた》の軍艦《ぐんかん》をうったり、にげおくれたりして、大損害《だいそんがい》をこうむった。大砲《たいほう》を10門《もん》もそなえた、富士山丸《ふじやままる》１０００トンをはじめ軍艦《ぐんかん》が４隻《せき》もいたのに、4門《もん》の大砲《たいほう》しかない丙寅丸《へいいんまる》にさんざんな目《め》にあわされたのである。

幕府《ばくふ》の艦隊《かんたい》は、まもなく東《ひがし》ににげさり、その2日後《ふつかご》、長州軍《ちょうしゅうぐん》が大島《おおしま》に上陸《じょうりく》し、幕府《ばくふ》軍《ぐん》を追《お》いちらして、大島《おおしま》をうばいかえした。

夜《よる》に敵《てき》の軍艦《ぐんかん》をおそうという戦法《せんぽう》は、ヨーロッパにもまだなかったという。このような戦法《せんぽう》を思《おも》いついた高杉晋作《たかすぎしんさく》は、戦術《せんじゅつ》の天才《てんさい》であったといえよう。

石州口《せきしゅうぐち》や芸州口《げいしゅうぐち》でも、長州軍優勢《ちょうしゅうぐんゆうせい》のうちに、戦《たたか》いは進《すす》んだ。長州軍《ちょうしゅうぐん》は、薩摩藩《さつまはん》を通《つう》じて手《て》に入《い》れた外国製《がいこくせい》の武器《ぶき》をそなえているうえに、たたかう気力《きりょく》も、幕府軍《ばくふぐん》をはるかに上《うわ》まわっていた。

もっともはげしかったのは、九州口《きゅうしゅうぐち》での戦《たたか》いだった。九州側《きゅうしゅうがわ》の小倉《こくら》に陣《じん》どった幕府《ばくふ》軍《ぐん》は約《やく》2万《まん》。いっぽう、長州軍《ちょうしゅうぐん》はわずか1500。長州軍《ちょうしゅうぐん》の中心《ちゅうしん》は奇兵隊《きへいたい》で、指揮《しき》をとったのは、やはり高杉晋作《たかすぎしんさく》だった。

龍馬《りょうま》たちが乗《の》ったユニオン号《ごう》が下関《しものせき》に着《つ》いたのは、九州口《きゅうしゅうぐち》での戦《たたか》いが始《はじ》まろうとする、6月《がつ》14日《か》であった。

米《こめ》がそっくり送《おく》りかえされたことを知《し》って、

「いったい、どういうことです。」

木戸《きど》孝允《たかよし》は青《あお》くなっておこった。

「われわれの好意《こうい》を無《む》にしようというのですか。」

「木戸《きど》さん、まあ聞《き》いてください。」

龍馬《りょうま》は、これまでのいきさつを説明《せつめい》してから、

「長州《ちょうしゅう》は薩摩《さつま》のために米《こめ》を送《おく》った。薩摩《さつま》も長州《ちょうしゅう》のために米《こめ》を返《かえ》してきた。おたがいの気持《きも》ちは、じゅうぶんに通《つう》じているではありませんか。どうか、受《う》けとってください。」

とたのんだが、

「いや、そうはいかん。」

木戸《きど》は、なかなかうんと言《い》わない。

「じゃ、こうしましょう。」

龍馬《りょうま》はにやりとした。

「ここにひとり、よだれをたらしちょる男《おとこ》がおります。この龍馬《りょうま》に、いや亀山社中《かめやましゃちゅう》に、この米《こめ》をくださらんか。」

めったにわらわない木戸《きど》が、思《おも》わずぷっとふきだした。

「きみにはかなわん。いいでしょう。」

「人《ひと》のふんどしで相撲《すもう》をとるとは、まさにこのことですのう。」

と、龍馬《りょうま》は大声《おおごえ》を立《た》ててわらった。

3日後《みっかご》、龍馬《りょうま》は高杉晋作《たかすぎしんさく》にたのまれて、長州軍《ちょうしゅうぐん》の軍艦《ぐんかん》に乗《の》りこみ、戦《たたか》いに参加《さんか》することになった。

長州藩《ちょうしゅうはん》は、5隻《せき》の軍艦《ぐんかん》を持《も》っていたが、それをふたつに分《わ》け、第《だい》一艦隊《かんたい》を高杉《たかすぎ》が、第《だい》二艦隊《かんたい》を龍馬《りょうま》が受《う》けもつことになった。

「坂本《さかもと》さんは、門司《もじ》を攻撃《こうげき》してください。」

と、高杉《たかすぎ》が言《い》った。

作戦《さくせん》を打《う》ちあわせるあいだも、高杉《たかすぎ》はしきりにせきをした。高杉《たかすぎ》は結核《けっかく》を病《や》んでいたが、そのころ、病気《びょうき》はかなり進《すす》んでいたのである。

第二艦隊《だいかんたい》の旗艦《きかん》は乙丑丸《いっちゅうまる》。龍馬《りょうま》が鹿児島《かごしま》から乗《の》ってきた、元《もと》ユニオン号《ごう》である。乙丑丸《いっちゅうまる》には、龍馬《りょうま》とともに鹿児島《かごしま》からやってきた亀山社中《かめやましゃちゅう》の仲間《なかま》も、何人《なんにん》か乗《の》りこんだ。社中《しゃちゅう》の仲間《なかま》は、白《しろ》いはかまをはいていたのですぐわかった。西洋《せいよう》の海軍《かいぐん》が白《しろ》い制服《せいふく》を着《つ》けているのを見《み》て、龍馬《りょうま》は、亀山社中《かめやましゃちゅう》の者《もの》には白《しろ》いはかまをはかせることにしたのである。

夜《よ》が明《あ》けるのを待《ま》って、長州軍《ちょうしゅうぐん》の艦隊《かんたい》は、下関《しものせき》から九州《きゅうしゅう》へと関門海峡《かんもんかいきょう》をわたりはじめた。海上《かいじょう》からの砲撃《ほうげき》を合図《あいず》に、戦《たたか》いが開始《かいし》された。

「うて、うて！」

砲門《ほうもん》の後《うし》ろから、龍馬《りょうま》の声《こえ》がとぶ。陸地《りくち》からとんでくる砲弾《ほうだん》が、マストをかすめる。

「大砲《たいほう》に海水《かいすい》をぶっかけろ。」

つづけてうつと、大砲《たいほう》は熱《ねつ》のために焼《や》けてしまい、使《つか》えなくなってしまう。だから、水《みず》をかけて、ひやしながら使《つか》わなければならない。軍艦《ぐんかん》のことにくわしい龍馬《りょうま》は、高杉晋作《たかすぎしんさく》におとらない、すぐれた海戦《かいせん》の指揮者《しきしゃ》だった。

やがて、長州軍《ちょうしゅうぐん》の上陸《じょうりく》が始《はじ》まった。敵《てき》も必死《ひっし》になって反撃《はんげき》したが、火縄銃《ひなわじゅう》の幕府軍《ばくふぐん》に対《たい》し、長州軍《ちょうしゅうぐん》は外国製《がいこくせい》の新《あたら》しい鉄砲《てっぽう》を持《も》っていたから、幕府軍《ばくふぐん》はじりじり追《お》いつめられていった。

先頭《せんとう》をゆくのは、高杉晋作《たかすぎしんさく》が組織《そしき》した、町人《ちょうにん》や農民《のうみん》を中心《ちゅうしん》とした、身分《みぶん》にとらわれない新《あたら》しい軍隊《ぐんたい》の奇兵隊《きへいたい》である。さむらいが、町人《ちょうにん》や農民《のうみん》に追《お》いちらされているのだった。

海岸《かいがん》におりたった龍馬《りょうま》は、双眼鏡《そうがんきょう》をのぞきながら、

「幕府《ばくふ》の負《ま》けじゃ。いよいよ、新《あたら》しい時代《じだい》が始《はじ》まるぞ。」

と、自分《じぶん》に言《い》いきかせていた。

3 近代国家《きんだいこっか》を目指《めざ》して

後藤象二郎《ごとうしょうじろう》と会《あ》う

九州口《きゅうしゅうぐち》での戦《たたか》いで大敗北《だいはいぼく》をきっした幕府軍《ばくふぐん》は、7月《がつ》はじめ、ふたたび関門海峡《かんもんかいきょう》をわたった長州軍《ちょうしゅうぐん》に、小倉城近《こくらじょうちか》くまでせめこまれた。しかしこのころ、龍馬《りょうま》は鹿児島《かごしま》や長《なが》崎《さき》を、いそがしくとびまわっていて、この戦《たたか》いには参加《さんか》していない。

将軍家茂《しょうぐんいえもち》が、病気《びょうき》で亡《な》くなったのは、九州《きゅうしゅう》での戦《たたか》いがたけなわの7月20日《がつはつか》であった。これをきっかけに、幕府軍《ばくふぐん》はたたかう気力《きりょく》をなくし、ずるずると後退《こうたい》していく。戦《たたか》いに勝《か》つことをあきらめて、幕府軍《ばくふぐん》が自《みずか》ら小倉城《こくらじょう》に火《ひ》をつけたのは、8月1日《がつついたち》のことだった。これで、長州軍《ちょうしゅうぐん》の勝利《しょうり》は決定的《けっていてき》になった。

同《おな》じころ、龍馬《りょうま》は長崎《ながさき》の宿屋《やどや》で、亀山社中《かめやましゃちゅう》の仲間《なかま》と頭《あたま》をかかえこんでいた。せっかく手《て》に入《い》れたワイル・ウェフ号《ごう》を遭難《そうなん》でうしなったうえに、ユニオン号《ごう》（乙丑丸《いっちゅうまる》）は長州藩《ちょうしゅうはん》にさしだしてしまった。船《ふね》のない亀山社中《かめやましゃちゅう》は、陸《おか》にあがったカッパと同《おな》じだった。

船《ふね》どころか、金《かね》もほとんどなかった。リーダーの龍馬《りょうま》でさえ、ひげはぼうぼうで、あかのついた着物《きもの》に、すりへったげたをはいているというしまつだった。

「亀山社中《かめやましゃちゅう》を解散《かいさん》しようか。」

と考《かんが》えたこともある。全員《ぜんいん》を長州藩《ちょうしゅうはん》に引《ひ》きとってもらうことまで考《かんが》えた。

しかし、どんなにゆきづまっても、社中《しゃちゅう》からぬけだそうとする者《もの》はほとんどいなかった。亀山社中《かめやましゃちゅう》では、給料《きゅうりょう》が全員同《ぜんいんおな》じだった。もちろん、龍馬《りょうま》が決《き》めたのである。現在《げんざい》でも、社長《しゃちょう》と社員《しゃいん》の給料《きゅうりょう》が同《おな》じという会社《かいしゃ》はめったにないだろう。それだけに、亀山社中《かめやましゃちゅう》の団結《だんけつ》はかたかったのである。

10月《がつ》も末《すえ》になって、薩摩藩《さつまはん》の保証《ほしょう》で、亀山社中《かめやましゃちゅう》はやっと船《ふね》を1隻《せき》、手《て》に入《い》れることができた。400トンの帆船《はんせん》で、大極丸《たいきょくまる》と名《な》づけられた。

「よし、ひともうけしてくるぞ。」

亀山社中《かめやましゃちゅう》は、がぜん活気《かっき》づき、大極丸《たいきょくまる》は品物《しなもの》を積《つ》みこんで、大坂《おおざか》へ向《む》かった。それを見送《みおく》る龍馬《りょうま》の目《め》は、いきいきとしていた。

しかし、商売《しょうばい》のことを考《かんが》えるいっぽうで、龍馬《りょうま》は日夜《にちや》、日本《にっぽん》の将来《しょうらい》のことも考《かんが》えつづけていた。

——いまや幕府《ばくふ》の力《ちから》は、すっかりおとろえている。いまこそ、幕府《ばくふ》の政権《せいけん》を、平和《へいわ》のうちに、朝廷《ちょうてい》に返《かえ》すべきではないのか。

龍馬《りょうま》は、そう考《かんが》えるようになっていた。これを「大政奉還《たいせいほうかん》」という。

いまひとり、大政奉還《たいせいほうかん》について真剣《しんけん》に考《かんが》えている男《おとこ》がいた。中岡慎太郎《なかおかしんたろう》である。

慎太郎《しんたろう》の考《かんが》えは、龍馬《りょうま》の考《かんが》えよりもさらに一歩《いっぽ》進《すす》んでいて、薩摩藩《さつまはん》と長州藩《ちょうしゅうはん》に土佐藩《とさはん》をくわえ、この3藩《ぱん》の武力《ぶりょく》をもって、幕府《ばくふ》から政権《せいけん》をうばいとろうというものだった。

土佐藩《とさはん》が新《あたら》しい動《うご》きを始《はじ》めたということは、龍馬《りょうま》の耳《みみ》にも入《はい》ってきていた。

土佐藩主《とさはんしゅ》の山内容堂《やまうちようどう》は、公武合体論《こうぶがったいろん》を主張《しゅちょう》しつづけてきたが、幕府《ばくふ》が長州《ちょうしゅう》との戦《たたか》いにやぶれたのを見《み》て、もはや幕府《ばくふ》の命《いのち》は長《なが》くないことをさとった。幕府《ばくふ》と朝廷《ちょうてい》がなかよくなることはもうのぞめないだろう。

とすれば、土佐藩《とさはん》は土佐藩《とさはん》で力《ちから》をたくわえなければならない。そこで、容堂《ようどう》は、吉田東洋《よしだとうよう》の甥《おい》の後藤象二郎《ごとうしょうじろう》を、いまの国務大臣《こくむだいじん》にあたる参政《さんせい》にすえて、藩政《はんせい》の大改革《だいかいかく》を行《おこな》うことにした。

なによりも急《いそ》がなければならないのは、軍備《ぐんび》の増強《ぞうきょう》だった。後藤《ごとう》は自《みずか》ら長崎《ながさき》に出《で》かけ、外国《がいこく》の軍艦《ぐんかん》や武器《ぶき》の買《か》いつけを始《はじ》めた。

「後藤《ごとう》が、長崎《ながさき》に来《き》ている。」

そのうわさを聞《き》いて、亀山社中《かめやましゃちゅう》の者《もの》たちは色《いろ》めきたった。4年《ねん》まえ、吉田東洋《よしだとうよう》を暗殺《あんさつ》したのは土佐勤王党《とさきんのうとう》の党員《とういん》だったが、武市半平太《たけちはんぺいた》をはじめ、土佐勤王党員《とさきんのうとういん》をつぎつぎに処刑《しょけい》したのは、後藤象二郎《ごとうしょうじろう》であった。その後藤《ごとう》が、長崎《ながさき》にいるというのだ。

亀山社中《かめやましゃちゅう》には、元土佐勤王党員《もととさきんのうとういん》がおおぜいいる。龍馬《りょうま》もそのひとりで、武市半平太《たけちはんぺいた》とは親友《しんゆう》であった。

「坂本《さかもと》さん、後藤《ごとう》を切《き》りましょう。」

なかには、そう言《い》って、息《いき》まく者《もの》もいた。

ところが、ある日《ひ》、思《おも》いがけないことが起《お》こった。土佐藩《とさはん》の溝渕広之丞《みぞぶちひろのじょう》が龍馬《りょうま》をたずねてきて、

「後藤《ごとう》さんが、おんしにぜひ会《あ》いたいと言《い》っちょる。会《あ》ってみないか。」

と言《い》ったのである。溝渕《みぞぶち》は、10年以上《ねんいじょう》もまえに、龍馬《りょうま》がはじめて江戸《えど》に剣術修業《けんじゅつしゅぎょう》に出《で》かけたとき、いっしょになったことのある男《おとこ》だった。

龍馬《りょうま》は、一瞬《いっしゅん》とまどった。しかし、溝渕《みぞぶち》の口《くち》ぶりから見《み》て、後藤《ごとう》は龍馬《りょうま》がこれまでなにをしてきたかを、すこしは知《し》っているようだった。

「よし、会《あ》ってみよう。」

龍馬《りょうま》は、そのたのみを引《ひ》きうけた。

坂本龍馬《さかもとりょうま》と後藤象二郎《ごとうしょうじろう》が、長崎《ながさき》の料理屋《りょうりや》の一室《いっしつ》で会見《かいけん》したのは、年《とし》が明《あ》けてまもない、1867（慶応《けいおう》3）年《ねん》1月半《がつなか》ばのことであった。後藤《ごとう》が龍馬《りょうま》を招待《しょうたい》したのである。

いっぽうは、土佐《とさ》24万石《まんごく》をひきいる参政《さんせい》。もういっぽうは、土佐《とさ》に帰《かえ》れば、さむらいよりいちだん身分《みぶん》のひくい郷士《ごうし》である。しかも、いまなお脱藩《だっぱん》の罪《つみ》を背負《せお》っている。そればかりではない。ふたりは、かたき同士《どうし》でもあった。

型通《かたどお》りのあいさつがすむと、

「おんし、天下《てんか》のことをどう考《かんが》えちょる。それを聞《き》かせてほしい。」

ていねいに、後藤《ごとう》がたずねた。土佐藩《とさはん》の新《あたら》しいリーダーは、このとき30歳《さい》、龍馬《りょうま》よりも3歳年下《さいとしした》だった。

「外国《がいこく》はしきりに、日本《にっぽん》をねらっちょる。それをふせぐには、一刻《いっこく》も早《はや》く国内《こくない》を統一《とういつ》し、新《あたら》しい日本《にっぽん》をつくらにゃいかん。」

相手《あいて》がだれであれ、身分《みぶん》にこだわらない龍馬《りょうま》は、友《とも》だちにでも話《はな》すような口《くち》ぶりで言《い》った。

「幕府《ばくふ》は、いまではもうたよりにならん。じゃ、どうすればええか。」

龍馬《りょうま》は自信《じしん》をこめて、いま自分《じぶん》が考《かんが》えていることを話《はな》しはじめた。後藤《ごとう》と向《む》かいあっているうちに、なぜか、この男《おとこ》なら自分《じぶん》のことを理解《りかい》してくれるような気《き》がしたからである。

「なるほど、ようわかった。」

話《はなし》を聞《き》きおわると、後藤《ごとう》は大《おお》きくうなずき、今度《こんど》は自分《じぶん》から、土佐藩《とさはん》のようすについて話《はな》した。龍馬《りょうま》が感心《かんしん》したのは、後藤《ごとう》が過去《かこ》のことに、これっぽちもふれなかったことだった。

後藤《ごとう》との会見《かいけん》をすまして、宿屋《やどや》に帰《かえ》ってくると、

「後藤《ごとう》は、どんなやつでしたか。」

亀山社中《かめやましゃちゅう》の仲間《なかま》が、口《くち》をそろえて龍馬《りょうま》に聞《き》いた。

「土佐《とさ》にも、なかなかの人物《じんぶつ》が出《で》たぞ。後藤《ごとう》とは、もともとかたき同士《どうし》じゃが、昔《むかし》のことはなにも言《い》わんじゃった。太《ふと》っぱらのやつじゃ。」

思《おも》ったままのことを、龍馬《りょうま》は言《い》った。仲間《なかま》たちは、ぽかんとしていた。

龍馬《りょうま》は、後藤《ごとう》をすっかり信用《しんよう》したわけではなかった。幕府《ばくふ》をたよれなくなった土佐《とさ》藩《はん》は、龍馬《りょうま》を利用《りよう》して、薩摩藩《さつまはん》や長州藩《ちょうしゅうはん》に近《ちか》づこうという気配《けはい》が、ありありと見《み》える。だが、それはそれでいいではないか。

「相手《あいて》がそのつもりなら、わしも相手《あいて》を利用《りよう》させてもらうさ。」

龍馬《りょうま》はほくそえんで、そうつぶやいた。

この会見《かいけん》をきっかけに、龍馬《りょうま》と後藤《ごとう》は、しばしば会《あ》って話《はな》しあうようになったが、

ある日《ひ》、後藤《ごとう》が聞《き》いた。すると、龍馬《りょうま》は、わらいながら答《こた》えた。

「龍馬《りょうま》、土佐藩《とさはん》にもどってくる気《き》はないか。」

「もどる気《き》はないが、海援隊《かいえんたい》ならやってもいい。」

「海援隊《かいえんたい》て、それはまた、なんじゃ。」

「海《うみ》から土佐《とさ》を助《たす》けるのが、海援隊《かいえんたい》じゃ。」

「なるほど、海《うみ》から土佐《とさ》を助《たす》けるちゅうのか。海援隊《かいえんたい》ができれば、陸援隊《りくえんたい》もいるな。

よし、考《かんが》えてみよう。」
と、後藤《ごとう》は言《い》った。

その名《な》は海援隊《かいえんたい》

土佐藩《とさはん》でかわりはじめたのは、後藤象二郎《ごとうしょうじろう》だけではなかった。後藤《ごとう》とともに、山内容堂《やまうちようどう》の片腕《かたうで》として活躍《かつやく》していた福岡孝弟《ふくおかたかちか》も、後藤《ごとう》が龍馬《りょうま》と会《あ》うよりも早《はや》く、その前年《ぜんねん》の10月《がつ》に、京都《きょうと》で西郷隆盛《さいごうたかもり》とひそかに会《あ》っていた。その仲立《なかだ》ちをしたのは、中岡慎太郎《なかおかしんたろう》であった。

西郷隆盛《さいごうたかもり》が土佐《とさ》を訪問《ほうもん》したのは、長崎《ながさき》で後藤《ごとう》と龍馬《りょうま》が会談《かいだん》して間《ま》もない、2月半《がつなか》ばのことである。山内容堂《やまうちようどう》は、西郷《さいごう》に向《む》かって、

「薩摩藩《さつまはん》とちがって、土佐山内家《とさやまうちけ》は関ケ原《せきがはら》で徳川家《とくがわけ》とともにたたかって以来《いらい》、特別《とくべつ》な関係《かんけい》にあるが、地球全体《ちきゅうぜんたい》から見《み》れば、それはたいへん小《ちい》さなことだ。」

とのべた。土佐藩《とさはん》は、薩長連合《さっちょうれんごう》に近《ちか》づきつつあった。

こうした動《うご》きを見《み》て、福岡孝弟《ふくおかたかちか》は、

「坂本《さかもと》と中岡《なかおか》の脱藩《だっぱん》の罪《つみ》をゆるしてやってほしい。」

と、容堂《ようどう》に申《もう》しでた。龍馬《りょうま》も慎太郎《しんたろう》も、いまや土佐藩《とさはん》になくてはならない人物《じんぶつ》である。容堂《ようどう》はもちろん承知《しょうち》した。龍馬《りょうま》は2度脱藩《どだっぱん》して、2度《ど》ともゆるされたことになる。

「殿《との》さまというのは、まったく、勝手《かって》なもんじゃわい。」

長崎《ながさき》でこの知《し》らせを聞《き》いた龍馬《りょうま》は、苦笑《にがわら》いした。

しかも、脱藩《だっぱん》の罪《つみ》をゆるしたばかりか、土佐藩《とさはん》は、

——坂本龍馬《さかもとりょうま》を海援隊隊長《かいえんたいたいちょう》に任命《にんめい》する。

と言《い》ってきた。後藤《ごとう》と福岡《ふくおか》が相談《そうだん》して決《き》めたのである。いっぽう、中岡慎太郎《なかおかしんたろう》は陸援《りくえん》隊《たい》の隊長《たいちょう》に任命《にんめい》された。

「亀山社中《かめやましゃちゅう》が、そのまま海援隊《かいえんたい》になる。そして船《ふね》で品物《しなもの》を運《はこ》んだり、もうけ仕事《しごと》をし

てもらう。」

「いいでしょう。」

後藤《ごとう》と龍馬《りょうま》の話《はな》し合《あ》いは、すらすらと進《すす》んだ。

「隊《たい》の費用《ひよう》は、もうけでまかなう。もし足《た》らんときは、藩《はん》にたのみます。まあ、見《み》ていてください。そのうち、世界《せかい》を相手《あいて》に商売《しょうばい》をやるようになりますけえ。」

胸《むね》をはって、龍馬《りょうま》は言《い》った。13年《ねん》まえ、高知《こうち》で河田小龍《かわだしょうりょう》をたずねたときのことを、龍馬《りょうま》は思《おも》いだした。船《ふね》を使《つか》って商売《しょうばい》をするのは、そのときからの夢《ゆめ》であった。その夢《ゆめ》が、いよいよ実現《じつげん》されるときがきたのだ。

こうして結成《けっせい》された海援隊《かいえんたい》は、総勢約《そうぜいやく》50名《めい》。そのうち隊士《たいし》は16名《めい》で、ほかは水夫《すいふ》などであった。土佐出身《とさしゅっしん》の隊士《たいし》は9名《めい》で、越前《えちぜん》や紀州出身《きしゅうしゅっしん》の者《もの》も、そのまま海援隊士《かいえんたいし》になった。

「国《くに》を開《ひら》く道《みち》は、いくさをする者《もの》はたたかい、勉強《べんきょう》する者《もの》は勉強《べんきょう》し、商売《しょうばい》する者《もの》は商《しょう》売《ばい》をして、はじめて開《ひら》ける。」

みんなを集《あつ》めると、龍馬《りょうま》は話《はな》した。実際《じっさい》、海援隊《かいえんたい》の隊士《たいし》は、文官《ぶんかん》、武官《ぶかん》をはじめ、航海《こうかい》、測量《そくりょう》、医術《いじゅつ》、会計《かいけい》の係《かかり》というふうに、それぞれが仕事《しごと》を分《わ》けて受《う》けもっていた。しかも、亀山社中《かめやましゃちゅう》の時代《じだい》と同《おな》じく、身分《みぶん》は平等《びょうどう》で、大切《たいせつ》なことは、みんなで相談《そうだん》して決《き》めることになっていた。

隊内《たいない》には学問所《がくもんじょ》もあり、英語《えいご》の入門書《にゅうもんしょ》の『和英通韻伊呂波便覧《わえいつういんいろはびんらん》』などを出版《しゅっぱん》した。勉強《べんきょう》ぎらいの龍馬《りょうま》が、勉強《べんきょう》の本《ほん》を出版《しゅっぱん》したのである。どんなにはりきっていたか、よくわかる。

マストに、紅白紅《あかしろあか》の海援隊旗《かいえんたいき》をかかげたいろは丸《まる》が、海援隊《かいえんたい》の本部《ほんぶ》のある長崎《ながさき》の港《みなと》を出発《しゅっぱつ》したのは、4月《がつ》19日《にち》であった。いろは丸《まる》は、160トンの蒸気船《じょうきせん》で、大洲藩《おおずはん》(愛媛県《えひめけん》)から一航海《いちこうかい》500両《りょう》の契約《けいやく》でかりた。

船《ふね》には、鉄砲《てっぽう》や弾丸《だんがん》をはじめ、いろいろな品物《しなもの》が積《つ》みこまれていた。大坂《おおざか》で売《う》りさばく予定《よてい》だった。

海援隊《かいえんたい》にとっては、最初《さいしょ》の大仕事《おおしごと》である。幸《さいわ》い、天気《てんき》もよく、波《なみ》もおだやかだった。隊士《たいし》たちは、甲板《かんぱん》に勢《せい》ぞろいして、隊長《たいちょう》の龍馬《りょうま》が文句《もんく》をつくり、ふしをつけた歌《うた》を、声《こえ》をかぎりに歌《うた》った。

　今日《きょう》をはじめとのりだす船《ふね》は
　けいこはじめのいろは丸《まる》

いろは丸《まる》はぶじ玄界灘《げんかいなだ》をこえ、関門海峡《かんもんかいきょう》に入《はい》った。左手《ひだりて》に、長州《ちょうしゅう》の山《やま》なみが見《み》える。

長州藩《ちょうしゅうはん》のリーダーのひとり高杉晋作《たかすぎしんさく》が、下関《しものせき》で29歳《さい》の生涯《しょうがい》をとじたのは、この10日《とおか》ほどまえのことである。龍馬《りょうま》はまだ、高杉《たかすぎ》の死《し》を知《し》らなかった。

その龍馬自身《りょうまじしん》の命《いのち》も、あと6か月《げつ》あまりしかのこされていなかった。しかし、それは神《かみ》さまだけが知《し》っていることだった。

長崎《ながさき》を出《で》て、5日目《いつかめ》の深夜《しんや》のことである。一面深《いちめんふか》い霧《きり》の瀬戸内海《せとないかい》を走《はし》っていたいろは丸《まる》の正面《しょうめん》に、とつじょ大《おお》きな船《ふね》の影《かげ》があらわれ、いろは丸《まる》の横《よこ》っぱらめがけて、船首《せんしゅ》からつっこんできた。あっというまのできごとだった。

衝突《しょうとつ》してきたのは、長崎《ながさき》へ向《む》かっていた紀州藩《きしゅうはん》の明光丸《めいこうまる》で、880トンもある大《おお》きな船《ふね》だったので、いろは丸《まる》はひとたまりもなかった。34名《めい》の乗組員《のりくみいん》は、ボートで明光《めいこう》丸《まる》に乗《の》りうつることができたが、船《ふね》はまもなく、荷物《にもつ》を積《つ》んだまま、ぶくぶくしずんでいった。

「船長《せんちょう》はどこだ！」

明光丸《めいこうまる》の甲板《かんぱん》で、ずぶぬれの龍馬《りょうま》は、刀《かたな》に手《て》をかけてさけんだ。明光丸《めいこうまる》の灯《あか》りが見《み》えたとき、いろは丸《まる》は汽笛《きてき》を鳴《な》らし、衝突《しょうとつ》をさけるために、必死《ひっし》になってかじを回《まわ》した。

「わたしは、土佐藩《とさはん》の坂本龍馬《さかもとりょうま》だ。」

龍馬《りょうま》は、明光丸《めいこうまる》の船長《せんちょう》をにらみつけた。

「衝突《しょうとつ》してきたのは、そちらだ。わたしたちの船《ふね》はしずんだ。これからどうするかを話《はな》しあいたいので、近《ちか》くの港《みなと》に立《た》ちよっていただきたい。」

と、龍馬《りょうま》はつめよった。その剣幕《けんまく》におされて、明光丸《めいこうまる》は、しぶしぶ鞆《とも》（広島県《ひろしまけん》）の港《みなと》に立《た》ちより、いかりをおろした。

龍馬《りょうま》は、相手《あいて》の不誠実《ふせいじつ》な態度《たいど》におこり、賠償金《ばいしょうきん》をとることにした。しかし、話《はな》し合《あ》いはかんたんにはまとまらなかった。

紀州藩《きしゅうはん》といえば、徳川御三家《とくがわごさんけ》［1］のひとつで、幕府《ばくふ》のもっとも近《ちか》い親戚《しんせき》にあたる。紀州藩《きしゅうはん》から見《み》れば、海援隊《かいえんたい》の抗議《こうぎ》などは、赤《あか》んぼうがだだをこねているようなものだった。

話《はな》し合《あ》いのあいだ、隊士《たいし》たちは港町《みなとまち》の宿屋《やどや》にとまっていたが、

「これじゃ、らちがあかん。ひとつ、切《き》りこんでみるか。」

なかには、明光丸《めいこうまる》をおそい、のっとろうと言《い》いだす者《もの》もいた。

「はらも立《た》とうが、しばらくがまんしてくれ。この決着《けっちゃく》は、長崎《ながさき》でつける。」

隊士《たいし》たちに、龍馬《りょうま》は自分《じぶん》の考《かんが》えを打《う》ちあけた。

「わしは、べつの船《ふね》で長崎《ながさき》へ帰《かえ》る。みんなは、明光丸《めいこうまる》に乗《の》っていってくれ。もし、長《なが》崎《さき》で話《はな》し合《あ》いがつかなければ……。」

と、龍馬《りょうま》は刀《かたな》のつかをにぎった。

「紀州《きしゅう》と戦争《せんそう》をやる。」

この一言《ひとこと》で、隊士《たいし》たちのたかぶった気持《きも》ちは、いちおうおさまった。

やがて、長崎《ながさき》での話《はな》し合《あ》いが始《はじ》まった。龍馬《りょうま》は、いろは丸《まる》の航海日誌《こうかいにっし》を証拠《しょうこ》として持《も》ちだしたり、衝突《しょうとつ》したとき、明光丸《めいこうまる》には見張《みは》りがいなかったことなどをあげて、

「責任《せきにん》はそちらにある。」

と主張《しゅちょう》したが、紀州藩側《きしゅうはんがわ》も、

「ぶつかったのは、いろは丸《まる》のほうだ。」

とくりかえして、一歩《いっぽ》もしりぞこうとしない。


［1］徳川家康《とくがわいえやす》の息子《むすこ》、義直《よしなお》、頼宣《よりのぶ》、頼房《よりふさ》を先祖《せんぞ》とする家系《かけい》。順《じゅん》に、尾張徳川家《おわりとくがわけ》、紀州徳《きしゅうとく》川家《がわけ》、水戸徳川家《みとくがわけ》の三家《さんけ》である。家康《いえやす》の男系男子《だんけいだんし》を祖先《そせん》にもつ家系《かけい》の中《なか》でも、最高《さいこう》の地位《ちい》にあり、別格《べっかく》であった。

そればかりか、紀州藩《きしゅうはん》は、徳川御三家《とくがわごさんけ》の威力《いりょく》をかりて、長崎奉行所《ながさきぶぎょうしょ》（いまの裁判所《さいばんしょ》）にはたらきかけ、

「いいかげんに、手《て》を引《ひ》いたらどうだ。」

と、奉行所《ぶぎょうしょ》から海援隊《かいえんたい》におどしをかけさせるようなことまでした。だが、そんなことでひるむような龍馬《りょうま》ではなかった。

——海援隊《かいえんたい》が、紀州藩《きしゅうはん》相手《あいて》に大《おお》げんかをしている。

いまや、長崎《ながさき》の町《まち》は、そのうわさで持《も》ち切《き》りだった。どちらが勝《か》つか、かけをする人《ひと》まであらわれた。

——よし、長崎《ながさき》の町《まち》の人《ひと》を、みんなわしらの味方《みかた》にしちゃろう。

そこで、龍馬《りょうま》はこんな歌《うた》をつくって、町《まち》の料理屋《りょうりや》で歌《うた》わせた。もちろん、龍馬自身《りょうまじしん》も、料理屋《りょうりや》で酒《さけ》を飲《の》みながら、気持《きも》ちよさそうに歌《うた》った。

船《ふね》をしずめたそのつぐないは

金《かね》をとらずに国《くに》をとる

「国《くに》をとる」とは、紀州《きしゅう》と戦争《せんそう》をして、国《くに》をうばいとるということである。この歌《うた》は、またたくうちに長崎《ながさき》の町《まち》に広《ひろ》まり、石《いし》けりをする子《こ》どもたちまでが歌《うた》うようになった。

ちょうどそのころ、後藤象二郎《ごとうしょうじろう》が、土佐《とさ》からまた長崎《ながさき》へやってきた。

「龍馬《りょうま》、話《はな》し合《あ》いを藩《はん》にまかせてくれないか。」

と、後藤《ごとう》は言《い》った。後藤《ごとう》がのりだしたことによって、事件《じけん》は、紀州藩《きしゅうはん》と土佐藩《とさはん》の間《あいだ》であらそわれることになった。

後藤《ごとう》が紀州藩《きしゅうはん》の代表《だいひょう》との話《はな》し合《あ》いに出《で》かけるまえに、

「いま、長崎《ながさき》にイギリスの海軍提督《かいぐんていとく》が来《き》ちょります。外国《がいこく》には、こういう場合《ばあい》の法律《ほうりつ》があるはずじゃ。提督《ていとく》にそれを聞《き》いてみたらどうじゃろうかと、紀州側《きしゅうがわ》に言《い》うてくだされ。」

と、龍馬《りょうま》はたのんだ。

わが国《くに》で船《ふね》が衝突《しょうとつ》して、争《あらそ》いになったのは、これがはじめてであった。しかし、これからはたびたび起《お》こるだろうし、外国《がいこく》の船《ふね》と日本《にっぽん》の船《ふね》が衝突《しょうとつ》することだってあるだろう。そんなときのためにも、外国《がいこく》の法律《ほうりつ》を知《し》っておく必要《ひつよう》があった。

「賠償金《ばいしょうきん》をはらうことで、争《あらそ》いを解決《かいけつ》したい。」

紀州藩《きしゅうはん》が土佐藩《とさはん》にそう申《もう》しいれてきたのは、5月末《がつすえ》のことであった。外国《がいこく》の法律《ほうりつ》にてらしあわせると、明光丸《めいこうまる》のほうに勝《か》ち目《め》がないのがわかったからである。その金額《きんがく》は、8万《まん》3000両《りょう》であった。

海援隊《かいえんたい》は、徳川御三家《とくがわごさんけ》のひとつと大《おお》げんかをして、みごと勝利《しょうり》をおさめたのであった。

日本《にっぽん》をかえた船中八策《せんちゅうはっさく》

「なんちゅうても、船《ふね》がいちばんいい。」

土佐藩船《とさはんせん》の夕顔《ゆうがお》の甲板《かんぱん》に立《た》って、龍馬《りょうま》は夕焼《ゆうや》けの海《うみ》をながめていた。ひさしぶりの航海《こうかい》であった。

いろは丸事件《まるじけん》がようやくかたづいた1867（慶応《けいおう》3）年《ねん》6月9日《がつここのか》、龍馬《りょうま》は海援隊《かいえんたい》の長岡謙吉《ながおかけんきち》［2］をともなって、後藤象二郎《ごとうしょうじろう》とともに長崎《ながさき》を出発《しゅっぱつ》し、京都《きょうと》へ向《む》かった。

そのころ京都《きょうと》では、松平慶永《まつだいらよしなが》、山内容堂《やまうちようどう》、伊達宗城《だてむねなり》、島津久光《しまづひさみつ》の4人《にん》の殿《との》さまによる四侯会議《しこうかいぎ》が開《ひら》かれていた［3］。さらに四侯《しこう》は、将軍《しょうぐん》・徳川慶喜《とくがわよしのぶ》とも会議《かいぎ》を行《おこな》った。慶喜《よしのぶ》と会議《かいぎ》を行《おこな》ったねらいは、幕府《ばくふ》が行《おこな》う政治《せいじ》の権利《けんり》の一部《いちぶ》を四侯会議《しこうかいぎ》にうつさせようということにあった。

しかし、四侯会議《しこうかいぎ》に権限《けんげん》がうつることをこころよく思《おも》わない慶喜《よしのぶ》が、島津久光《しまづひさみつ》と対《たい》

［2］1834～1872年《ねん》。土佐藩士《とさはんし》、医師《いし》。河田小龍《かわだしょうりょう》に学《まな》び開業《かいぎょう》する。坂本龍馬《さかもとりょうま》の海援隊《かいえんたい》に参加《さんか》し、書記《しょき》をつとめた。龍馬《りょうま》が死去《しきょ》したあと、海援隊《かいえんたい》の隊長《たいちょう》になる。明治維新政府《めいじいしんせいふ》では、三河県知事《みかわけんちじ》に任《にん》じられた。

［3］松平慶永《まつだいらよしなが》は前福井藩主《ぜんふくいはんしゅ》、山内容堂《やまうちようどう》は前土佐藩主《ぜんとさはんしゅ》、伊達宗城《だてむねなり》は前宇和島《ぜんうわじま》（愛媛県《えひめけん》）藩主《はんしゅ》、島津久光《しまづひさみつ》は薩摩藩主《さつまはんしゅ》・島津忠義《しまづただよし》の父《ちち》である。

立《りつ》し、会議《かいぎ》はゆきづまっていた。

——これでは、幕府《ばくふ》と薩摩《さつま》の対立《たいりつ》が深《ふか》まり、幕府《ばくふ》にかわって、薩摩《さつま》や長州《ちょうしゅう》が天下《てんか》をとることになってしまう。

容堂《ようどう》はそのことをおそれたのだった。といって、それにかわる名案《めいあん》はうかばなかった。そこで、片腕《かたうで》とたのむ後藤《ごとう》を、急《いそ》いでよびよせたのである。

だが、後藤《ごとう》にも、これというよい考《かんが》えはなかった。後藤《ごとう》のたのみの綱《つな》は龍馬《りょうま》だった。

「龍馬《りょうま》、なにかいい知恵《ちえ》はあるまいか。幕府《ばくふ》にとっても、朝廷《ちょうてい》にとってもいいという知恵《ちえ》が。」

船《ふね》が、平戸島《ひらどしま》にさしかかったころだった。しばらくして、龍馬《りょうま》が口《くち》を開《ひら》いた。

「ある。幕府《ばくふ》から朝廷《ちょうてい》に政権《せいけん》を返《かえ》してもらって、国《くに》をつくりなおすんじゃ。」

龍馬《りょうま》は目《め》をとじた。

「それは、くわしく言《い》うと、こういうことになる。長岡《ながおか》、書《か》きとめてくれ。」

目《め》をとじたまま、龍馬《りょうま》は話《はな》しだした。この数日間《すうじつかん》、船《ふね》の中《なか》で考《かんが》えつづけ、ようやくまとめたことがらだった。

龍馬《りょうま》の案《あん》は、８つの項目《こうもく》からできていた。その要点《ようてん》は、次《つぎ》のようなものだった。

一、幕府《ばくふ》は大政《たいせい》を朝廷《ちょうてい》に奉還《ほうかん》する。

一、上下《じょうか》ふたつの議会《ぎかい》をもうける。

一、新政府《しんせいふ》は、天下《てんか》のすぐれた人《ひと》によってつくる。

一、外国《がいこく》と広《ひろ》く交際《こうさい》をする。

一、新《あたら》しい法律《ほうりつ》（憲法《けんぽう》）をつくる。

一、海軍《かいぐん》を充実《じゅうじつ》させる。

一、天皇《てんのう》と首都《しゅと》を守《まも》る軍隊《ぐんたい》をつくる。

一、金銀物貨《きんぎんぶっか》を安定《あんてい》させて、外国《がいこく》と対等《たいとう》の条約《じょうやく》をむすぶ。

「このうち、いくつかでも実現《じつげん》すれば、日本《にっぽん》は外国《がいこく》におとらない、しっかりした国《くに》になると思《おも》う。」

最後《さいご》に、龍馬《りょうま》は言《い》った。

「後藤《ごとう》さん、おんしが殿《との》さまを動《うご》かして、将軍家《しょうぐんけ》に大政《たいせい》を奉還《ほうかん》させるようにするんですよ。そうすれば、いくさなしに、世《よ》の中《なか》がかわるじゃありませんか。」

「それだ！」

と、後藤《ごとう》は思《おも》わずさけんだ。

「わしもそう思《おも》う。龍馬《りょうま》、よう言《い》うてくれた。」

この龍馬《りょうま》の提案《ていあん》は、船《ふね》の中《なか》で考《かんが》えられたので、「船中八策《せんちゅうはっさく》」とよばれている。

「船中八策《せんちゅうはっさく》」は、かならずしも龍馬独自《りょうまどくじ》の考《かんが》えではなかった。龍馬《りょうま》がこれまでに出《で》会《あ》って、大《おお》きな影響《えいきょう》を受《う》けた人《ひと》たち――河田小龍《かわだしょうりょう》、勝海舟《かつかいしゅう》、横井小楠《よこいしょうなん》などの考《かんが》えを、広《ひろ》くとりいれたものだった。だが、自分《じぶん》のことや藩《はん》のことにこだわらずに、日本全体《にっぽんぜんたい》のことを考《かんが》える人間《にんげん》でなければ、このような思《おも》いきった考《かんが》えをもつことはできなかったであろう。

後藤《ごとう》と龍馬《りょうま》が京都《きょうと》に着《つ》いたとき、山内容堂《やまうちようどう》は、四侯会議《しこうかいぎ》を途中《とちゅう》でぬけだして、土佐《とさ》

に帰《かえ》ったあとだったが、後藤《ごとう》は、京都《きょうと》にいる土佐藩士《とさはんし》たちと相談《そうだん》して、

――土佐藩《とさはん》は、幕府《ばくふ》に大政《たいせい》を奉還《ほうかん》させるようにはたらきかける。

という方針《ほうしん》を決《き》めた。

方針《ほうしん》を決《き》めたからには、その実行《じっこう》を急《いそ》がなければならなかった。京都《きょうと》では、薩摩《さつま》と長州《ちょうしゅう》が、いよいよ武力《ぶりょく》で幕府《ばくふ》をたおすらしいという、うわさがしきりだった。

いっぽう、幕府《ばくふ》も新《あたら》しい動《うご》きを始《はじ》めていた。長州征伐《ちょうしゅうせいばつ》の失敗《しっぱい》で、幕府《ばくふ》の力《ちから》はさらにおとろえていたが、おめおめと薩長連合《さっちょうれんごう》に政権《せいけん》をわたすつもりはなかった。まえの年《とし》の12月《がつ》に、新《あたら》しい将軍《しょうぐん》になった徳川慶喜《とくがわよしのぶ》は、フランスの力《ちから》をかりて、幕府《ばくふ》を立《た》てなおしつつあった。もし、幕府《ばくふ》と薩長軍《さっちょうぐん》が戦争《せんそう》を始《はじ》めれば、日本《にっぽん》は大混乱《だいこんらん》におちいり、そのすきを見《み》て、外国《がいこく》が侵略《しんりゃく》してくるかもしれない。

――一刻《いっこく》も早《はや》く、大政奉還《たいせいほうかん》をなしとげなければならない。

後藤《ごとう》はあせった。

幕府《ばくふ》を武力《ぶりょく》でたおそうという考《かんが》えは、薩長連合《さっちょうれんごう》だけではなく、土佐藩《とさはん》の一部《いちぶ》にも、

根強《ねづよ》くのこっていた。その中心《ちゅうしん》となったのが、陸援隊《りくえんたい》の隊長《たいちょう》中岡《なかおか》慎太郎《しんたろう》であった。

後藤《ごとう》と龍馬《りょうま》が京都《きょうと》に着《つ》くまえに、慎太郎《しんたろう》をはじめ、乾退助《いぬいたいすけ》(のちの板垣退助《いたがきたいすけ》)、谷守部《たにもりべ》(のちの干城《かんじょう》)らは、薩摩藩《さつまはん》の西郷隆盛《さいごうたかもり》らとひそかに会《あ》って、武力《ぶりょく》で幕府《ばくふ》をたおす約束《やくそく》をとりかわしていた。後藤《ごとう》としては、なんとしても、この約束《やくそく》をとりけしてもらわなければならなかった。

たのみの綱《つな》は、やはり龍馬《りょうま》しかない。後藤《ごとう》にたのまれて、京都《きょうと》にある陸援隊《りくえんたい》の本部《ほんぶ》をたずねた龍馬《りょうま》は、

「しばらく、がまんしてくれ。大政奉還《たいせいほうかん》がうまくいかなかったら、武力《ぶりょく》で幕府《ばくふ》をたおせばいい。そのときは、わしも一役買《ひとやくか》う。」

そう言《い》って、慎太郎《しんたろう》を説《と》きふせた。

さらに、龍馬《りょうま》は慎太郎《しんたろう》とともに西郷隆盛《さいごうたかもり》と会《あ》い、武力《ぶりょく》を使《つか》うのは待《ま》ってほしいとたのんだ。

「ようごわす。」

と、西郷《さいごう》も言《い》った。大政奉還《たいせいほうかん》など実現《じつげん》するはずはないが、できるだけのことはやらせてみようと、西郷《さいごう》は考《かんが》えたのである。

そのあいだ、後藤《ごとう》は後藤《ごとう》で、四侯会議《しこうかいぎ》のメンバーである島津久光《しまづひさみつ》や伊達宗城《だてむねなり》をはじめ、味方《みかた》についてくれそうな藩主《はんしゅ》たちに会《あ》ってから、7月8日《がつようか》、高知《こうち》に帰《かえ》ってきた。

「いよいよ、土佐藩《とさはん》がのりだすときがきました。」

後藤《ごとう》がこれまでのことを報告《ほうこく》すると、

「よくやった。」

山内容堂《やまうちようどう》は、上《じょう》きげんで後藤《ごとう》をほめた。

京都《きょうと》での龍馬《りょうま》の活躍《かつやく》は、なおもつづく。

大政奉還《たいせいほうかん》を実現《じつげん》させるためには、薩摩藩《さつまはん》とならぶ実力《じつりょく》をもつ長州藩《ちょうしゅうはん》にも、協力《きょうりょく》をあおぐ必要《ひつよう》がある。そこで、龍馬《りょうま》は、海援隊士《かいえんたいし》を使者《ししゃ》として、長州《ちょうしゅう》の木戸孝允《きどたかよし》のもとにつかわし、長州藩《ちょうしゅうはん》からも、土佐藩《とさはん》に使者《ししゃ》を送《おく》るようにすすめた。

中岡慎太郎《なかおかしんたろう》の紹介《しょうかい》で、公家《くげ》の岩倉具視《いわくらともみ》［4］にも会《あ》った。これからの朝廷《ちょうてい》を動《うご》かすのは、岩倉《いわくら》と三条実美《さんじょうさねとみ》だと見《み》ていたからである。

そんなとき、長崎《ながさき》でやっかいな事件《じけん》が起《お》こった。7月6日《がつむいか》の真夜中《まよなか》、長崎《ながさき》でイギリス軍艦《ぐんかん》の水夫《すいふ》2名《めい》が、海援隊《かいえんたい》の隊士《たいし》らしき者《もの》に殺害《さつがい》されたのである。海援隊隊長《かいえんたいたいちょう》の龍馬《りょうま》としては、放《ほう》っておけなかった。

8月半《がつなか》ばに、長崎《ながさき》に着《つ》いた龍馬《りょうま》は、ひと足早《あしはや》くやってきていた後藤象二郎《ごとうしょうじろう》や、土佐藩《とさはん》の大目付《おおめつけ》（警察機構《けいさつきこう》のトップ）の佐々木高行《ささきたかゆき》とともに、イギリス側《がわ》と事件《じけん》について話《はな》しあった結果《けっか》、海援隊《かいえんたい》にかけられたうたがいは晴《は》れ、9月10日《がつとおか》になって、やっと事件《じけん》は解決《かいけつ》した。この事件《じけん》のために、土佐藩《とさはん》の大政奉還《たいせいほうかん》を進《すす》める動《うご》きは、一時《いちじ》ストップし

［4］1825〜1883年《ねん》。公家《くげ》、政治家《せいじか》。1858年《ねん》、日米修好通商条約《にちべいしゅうこうつうしょうじょうやく》をみとめようとした幕府《ばくふ》の老中堀田正睦《ろうじゅうほったまさよし》に反対《はんたい》した。薩長同盟《さっちょうどうめい》がむすばれたあと、幕府《ばくふ》をたおす活動《かつどう》に力《ちから》をかす。明治維新後《めいじいしんご》は、政治《せいじ》の中心的人物《ちゅうしんてきじんぶつ》となった。

なければならなかった。

9月《がつ》18日《にち》、龍馬《りょうま》は、オランダの商社《しょうしゃ》から買《か》った1200〜1300ちょうのライフル銃《じゅう》を積《つ》んだ船《ふね》に乗《の》り、長崎《ながさき》から高知《こうち》へ向《む》かった。大政奉還《たいせいほうかん》の計画《けいかく》が失敗《しっぱい》し、戦争《せんそう》になったときに使《つか》う武器《ぶき》であった。

途中《とちゅう》、下関《しものせき》に立《た》ちより、ひと月《つき》ぶりに妻《つま》のお龍《りょう》と会《あ》った。龍馬《りょうま》は西《にし》へ東《ひがし》へとかけまわる、いそがしい生活《せいかつ》をしていたので、気心《きごころ》の知《し》れた豪商《ごうしょう》、伊藤助太夫《いとうすけだゆう》の家《いえ》に、お龍《りょう》をあずかってもらっていたのである。

「あいかわらず、きたないなりをして。ひげぐらい、そったらどうです。」

と、お龍《りょう》はわらった。このときが、ふたりが会《あ》った最後《さいご》であった。

下関《しものせき》では、伊藤俊輔《いとうしゅんすけ》に会《あ》ったが、長州藩《ちょうしゅうはん》は、武力《ぶりょく》で幕府《ばくふ》をたおす準備《じゅんび》を、ほぼととのえているようだった。

「昨日《きのう》、薩摩《さつま》から大久保《おおくぼ》さんが来《き》て、木戸《きど》さんと出兵《しゅっぺい》について、打《う》ちあわせたばかりです。」

と、伊藤《いとう》は言《い》った。

——もう、ぐずぐずはしていられない。

それを聞《き》いて、龍馬《りょうま》もあせった。

大政奉還《たいせいほうかん》の決《き》まった日《ひ》

霧《きり》が晴《は》れ、なつかしい土佐《とさ》の山《やま》なみが見《み》えてきた。5年《ねん》ぶりに、龍馬《りょうま》はふるさとに帰《かえ》ってきたのである。

浦戸湾《うらどわん》の桂浜《かつらはま》に上陸《じょうりく》した龍馬《りょうま》は、ひそかにわが家《や》をたずねた。9月《がつ》28日《にち》のことだった。

とつぜんの帰省《きせい》に、いちばんよろこんだのは、姉《あね》の乙女《おとめ》であった。乙女《おとめ》は土佐藩《とさはん》の医者《いしゃ》の家《いえ》にとついでいたが、2年《ねん》まえに離婚《りこん》して、実家《じっか》にもどっていた。

「ねえさん、みやげじゃ。」

龍馬《りょうま》は、ふところから、長崎《ながさき》で買《か》ってきた外国《がいこく》の香水《こうすい》とおしろいのびんを出《だ》した。龍馬《りょうま》におとらず、乙女《おとめ》も酒《さけ》が強《つよ》い。姉《あね》と弟《おとうと》は、つもる話《はなし》をしながら、ひと晩《ばん》飲《の》みあかした。

しかし、ふるさとでゆっくりしているよゆうはなかった。わが家《や》にふた晩《ばん》とまっただけで、龍馬《りょうま》はあわただしく、京都《きょうと》に向《む》けて出発《しゅっぱつ》した。

土佐藩《とさはん》が、大政奉還《たいせいほうかん》をもとめる建白書《けんぱくしょ》（意見《いけん》を申《もう》しのべる書状《しょじょう》）を幕府《ばくふ》に提出《ていしゅつ》したのは、10月3日《がつみっか》のことであった。

「政権《せいけん》を朝廷《ちょうてい》に返《かえ》すように。」と幕府《ばくふ》にせまったのである。

1867（慶応《けいおう》3）年《ねん》10月《がつ》13日《にち》、将軍徳川慶喜《しょうぐんとくがわよしのぶ》は、京都《きょうと》にいる40藩《ぱん》の重臣《じゅうしん》を二条城《にじょうじょう》に集《あつ》めた。土佐藩《とさはん》が提出《ていしゅつ》した大政奉還《たいせいほうかん》の建白書《けんぱくしょ》について、意見《いけん》を聞《き》くためであった。

慶喜《よしのぶ》は、大政奉還《たいせいほうかん》を決意《けつい》していたが、反対《はんたい》の意見《いけん》が強《つよ》ければ、その決意《けつい》はくつがえるかもしれない。260年《ねん》あまりつづいている徳川幕府《とくがわばくふ》を、あくまでも守《まも》るべきだという立場《たちば》をとる藩《はん》も少《すく》なくなかった。

龍馬《りょうま》は、河原町《かわらまち》の近江屋《おうみや》［5］にとまっていたが、さすがの龍馬《りょうま》も気《き》がたかぶって、その前夜《ぜんや》はよくねむれなかった。いよいよ、待《ま》ちに待《ま》った日《ひ》が来《き》た。だがはたして、うまくいくかどうか。

その日《ひ》の朝《あさ》、龍馬《りょうま》は後藤象二郎《ごとうしょうじろう》あてに手紙《てがみ》を書《か》いた。土佐藩《とさはん》からは、後藤《ごとう》が代表《だいひょう》として、会議《かいぎ》に出席《しゅっせき》することになっていた。

――もし、幕府《ばくふ》が建白書《けんぱくしょ》を受《う》けいれないようでしたら、もとより覚悟《かくご》なさっている以上《いじょう》、生《い》きて帰《かえ》られることはないでしょう。

そのときは、海援隊《かいえんたい》をひきいて、将軍《しょうぐん》の帰《かえ》り道《みち》に待《ま》ちうけ、将軍《しょうぐん》を刺《さ》し、わたしも

［5］龍馬《りょうま》がとまっていたのは、河原町《かわらまち》の近江屋《おうみや》とも、河原町三条《かわらまちさんじょう》の材木商酢屋《ざいもくしょうすや》（海援隊《かいえんたい》の京都本部《きょうとほんぶ》）ともいわれている。

死《し》ぬつもりでおります。あの世《よ》で、お会《あ》いすることになるでしょう。

龍馬《りょうま》は「死《し》を覚悟《かくご》して、がんばってほしい。」と、後藤《ごとう》をはげましたのだった。もちろん、龍馬《りょうま》もいざとなれば、死《し》ぬ覚悟《かくご》であった。龍馬《りょうま》がこれほど興奮《こうふん》した手紙《てがみ》を書《か》いたのは、はじめてである。

この手紙《てがみ》を使《つか》いの者《もの》に持《も》たせると、やがて後藤《ごとう》からの返事《へんじ》がとどいた。

――もちろん、成功《せいこう》しなければ、生《い》きて帰《かえ》るつもりはありません。しかし、今日《きょう》のなりゆきによっては、後日《ごじつ》、幕府《ばくふ》とたたかうために、ふらりと帰《かえ》ってくるかもしれません。

頭《あたま》は切《き》れるが、ずるがしこいところのある、いかにも後藤《ごとう》らしい返事《へんじ》だった。

会議《かいぎ》は、午後《ごご》1時《じ》ごろから始《はじ》まった。近江屋《おうみや》の一室《いっしつ》で、龍馬《りょうま》は海援隊《かいえんたい》や土佐藩《とさはん》の仲間《なかま》といっしょに、後藤《ごとう》から知《し》らせが来《く》るのを待《ま》っていた。

1時間《じかん》がすぎ、2時間《じかん》がすぎたが、使者《ししゃ》はやってこない。3時間《じかん》たち、4時間《じかん》たっても、なんの連絡《れんらく》もない。

「だめだったか。」

龍馬《りょうま》の額《ひたい》に、あせがにじんだ。

後藤《ごとう》の手紙《てがみ》をたずさえた使者《ししゃ》が、近江屋《おうみや》にかけこんできたのは、夜《よる》の10時《じ》ごろだった。大《おお》きくひとつ、息《いき》をすいこんでから、龍馬《りょうま》は手紙《てがみ》を開《ひら》いた。

――ただいま、二条城《にじょうじょう》から帰《かえ》ってきました。今日《きょう》のようすを、とりあえず報告《ほうこく》いたします。

将軍《しょうぐん》は、政権《せいけん》を朝廷《ちょうてい》に返《かえ》すことを決《き》めました。

龍馬《りょうま》はだまったまま、みんなに手紙《てがみ》をさししめすと、顔《かお》をふせた。肩《かた》が、はげしくふるえている。龍馬《りょうま》は泣《な》いているのだった。

「将軍《しょうぐん》の今日《きょう》のご心中《しんちゅう》は、いかばかりであろう。よくぞ決意《けつい》なされた、よくぞ決意《けつい》なされた。わしは、この将軍《しょうぐん》のためなら、命《いのち》を投《な》げだしてもいい。」

龍馬《りょうま》は、声《こえ》をふるわせて言《い》った。

その夜《よる》、龍馬《りょうま》は、歌《うた》を1首《しゅ》つくった。

心《こころ》からのどけくもあるか野辺《のべ》はなお雪《ゆき》げながらの春風《はるかぜ》ぞふく
野原《のはら》にはまだ雪《ゆき》がのこっているが、春《はる》はすでに近《ちか》づいている——新《あたら》しい日本《にっぽん》の夜明《よあ》けはもう近《ちか》いという意味《いみ》である。

大政《たいせい》が奉還《ほうかん》され、新《あたら》しい政府《せいふ》ができるとなれば、新政府《しんせいふ》のメンバーをえらばなければならない。そこで龍馬《りょうま》は、三条実美《さんじょうさねとみ》に仕《つか》える戸田雅楽《とだうた》らと相談《そうだん》して、新政府《しんせいふ》の役人《やくにん》表《ひょう》をつくった。いまの内閣《ないかく》の閣僚名簿《かくりょうめいぼ》にあたる。

首相《しゅしょう》にあたる関白《かんぱく》には三条実美《さんじょうさねとみ》、顧問役《こもんやく》の議奏《ぎそう》には、島津久光《しまづひさみつ》、毛利敬親《もうりたかちか》、松平慶永《まつだいらよしなが》（春嶽《しゅんがく》）などの前藩主《ぜんはんしゅ》と、岩倉具視《いわくらともみ》などの公家《くげ》や公卿《くぎょう》から合計《ごうけい》10名《めい》をえらんだ。大臣《だいじん》にあたる参議《さんぎ》としてえらばれたのは、西郷隆盛《さいごうたかもり》、木戸孝允《きどたかよし》、後藤象二郎《ごとうしょうじろう》ら8名《めい》だった。〔6〕

この候補者名簿《こうほしゃめいぼ》は、後藤《ごとう》や西郷《さいごう》に見《み》せたあとで、岩倉具視《いわくらともみ》のもとにとどけられたが、龍馬《りょうま》がこれを西郷《さいごう》に見《み》せたとき、

「おや。」

と、西郷《さいごう》はつぶやき、不思議《ふしぎ》そうな顔《かお》をした。

「坂本《さかもと》さん、おはんの名前《なまえ》がぬけちょりますぞ。」

「わしは、出《で》ません。」

きっぱりと、龍馬《りょうま》は言《い》った。

「きゅうくつな役人《やくにん》は、わしの性《しょう》に合《あ》わん。」

「役人《やくにん》がいやなら、おはんはなにをしなさる。」

「さようさ。」

龍馬《りょうま》は、近眼《きんがん》の目《め》をこらした。

「世界《せかい》の海援隊《かいえんたい》でもやりましょうかのう。」

このとき、いっしょにいた陸奥陽之助《むつようのすけ》（のちの宗光《むねみつ》）は、

――そのときの龍馬《りょうま》は、西郷《さいごう》より2倍《ばい》も3倍《ばい》も大《おお》きく見《み》えたよ。

のちに、そう語《かた》っている。

大政奉還《たいせいほうかん》は決《き》まったものの、幕府《ばくふ》を武力《ぶりょく》でたおそうという動《うご》きが、まったくなくなったわけではなかった。命《いのち》をかけてでも、幕府《ばくふ》を守《まも》ろうという勢力《せいりょく》も、まだ一部《いちぶ》に根強《ねづよ》くのこっていた。

一日《いちにち》も早《はや》く、新《あたら》しい政府《せいふ》をつくらなければならない。そのために、龍馬《りょうま》はまた、いそがしくかけまわらなければならなかった。

10月末《がつすえ》、龍馬《りょうま》は越前《えちぜん》に出《で》かけ、松平春嶽《まつだいらしゅんがく》に早《はや》く京都《きょうと》に出《で》てきてほしいとたのんだ。ついで、三岡八郎《みつおかはちろう》（のちの由利公正《ゆりきみまさ》）［7］に会《あ》い、わが国《くに》の経済《けいざい》について、ひと晩話《ばんはな》

［6］龍馬《りょうま》がつくった新政府《しんせいふ》の役人表《やくにんひょう》は、明確《めいかく》に名前《なまえ》があがっているわけではないので、島津《しまづ》は藩主《はんしゅ》の忠義《ただよし》か、その父親《ちちおや》の久光《ひさみつ》かなど、はっきりとわからないところもある。

［7］1829〜1909年《ねん》。福井藩士《ふくいはんし》、政治家《せいじか》。横井小楠《よこいしょうなん》に学《まな》び、藩内《はんない》でとくに財政《ざいせい》に力《ちから》をふるい、財政難《ざいせいなん》だった福井藩《ふくいはん》を立《た》てなおした。明治政府《めいじせいふ》の政策《せいさく》である、五箇条《ごかじょう》の御誓《ごせい》文《もん》（177ページ［8］）の原案者《げんあんしゃ》のひとり。第《だい》4代東京府知事《だいとうきょうふちじ》でもある。

しあった。三岡《みつおか》は、福井藩《ふくいはん》の財政《ざいせい》を立《た》てなおした政治家《せいじか》で、龍馬《りょうま》のプランでは、三岡《みつおか》に新政府《しんせいふ》の大蔵大臣《おおくらだいじん》をやってもらうつもりだった。

運命《うんめい》の11月《がつ》15日《にち》

11月《がつ》15日《にち》は、龍馬《りょうま》の誕生日《たんじょうび》である。このとき、龍馬《りょうま》は33歳《さい》だった。

京都河原町《きょうとかわらまち》の近江屋《おうみや》の2階《かい》の奥座敷《おくざしき》で、龍馬《りょうま》は、朝《あさ》からごろごろしていた。新選組《しんせんぐみ》や幕府《ばくふ》の役人《やくにん》が龍馬《りょうま》の命《いのち》をつけねらっているというので、近江屋《おうみや》の裏庭《うらにわ》にある土蔵《どぞう》でねとまりしていたのだが、この日《ひ》はかぜぎみで、土蔵《どぞう》は寒《さむ》くて不便《ふべん》なので、母屋《おもや》の2階《かい》にうつってきたのである。

銀閣寺《ぎんかくじ》の近《ちか》くにある陸援隊《りくえんたい》の本部《ほんぶ》から、中岡慎太郎《なかおかしんたろう》が近江屋《おうみや》をたずねてきたのは、夕方《ゆうがた》の5時《じ》ごろであった。

「まあ、あがれや。」

火鉢《ひばち》をはさんで、龍馬《りょうま》と慎太郎《しんたろう》は向《む》かいあった。

大政奉還《たいせいほうかん》が決《き》まってからも、慎太郎《しんたろう》はまだ武力《ぶりょく》で幕府《ばくふ》をたおす考《かんが》えをすてていなかった。

「こちらからしかけなくても、きっと幕府《ばくふ》からいくさをしかけてくる。」

と、慎太郎《しんたろう》は言《い》った。

「それはいかん。戦争《せんそう》はいかん。」

龍馬《りょうま》は、はげしく首《くび》をふった。熱《ねつ》のためか、龍馬《りょうま》の顔《かお》はほてっていた。

「それはそうと、宮川《みやがわ》の身柄《みがら》を陸援隊《りくえんたい》が引《ひ》きとっていいもんじゃろうか。」

ひじまくらをしている龍馬《りょうま》に、慎太郎《しんたろう》が聞《き》いた。

1年以上《ねんいじょう》もまえに、新選組《しんせんぐみ》と土佐藩士《とさはんし》のグループが三条大橋《さんじょうおおはし》の近《ちか》くで乱闘《らんとう》して、土《と》佐藩士《さはんし》の宮川助五郎《みやがわすけごろう》が、幕府《ばくふ》の役人《やくにん》につかまったことがあった。その後《ご》、宮川《みやがわ》は牢屋《ろうや》にぶちこまれていたが、さいきんになって、幕府側《ばくふがわ》から、宮川《みやがわ》の身柄《みがら》を土佐藩《とさはん》に返《かえ》すと言《い》ってきたのである。

ところが、土佐藩《とさはん》は、

「藩《はん》では引《ひ》きとれないので、陸援隊《りくえんたい》で引《ひ》きとってほしい。」

と、慎太郎《しんたろう》につたえてきた。しかし、宮川《みやがわ》は陸援隊《りくえんたい》の隊士《たいし》ではない。どうすればよいか。じつは、そのことを相談《そうだん》するために、慎太郎《しんたろう》は近江屋《おうみや》にやってきたのだった。

「さあ。」

と、龍馬《りょうま》は考《かん》えこんだ。龍馬《りょうま》にも、いい知恵《ちえ》はうかばなかった。

そのとき、もうひとり来客《らいきゃく》があった。龍馬《りょうま》が福井《ふくい》に出《で》かけたとき同行《どうこう》した、土佐藩《とさはん》士《し》の岡本健三郎《おかもとけんざぶろう》である。それとほぼ同時《どうじ》に、なじみの本屋《ほんや》のせがれの峰吉《みねきち》もやってきた。

「はらがへったのう。」

ぽつりと、龍馬《りょうま》がつぶやいた。もう9時《じ》に近《ちか》かった。夕食《ゆうしょく》をとるのもわすれて、龍《りょう》馬《ま》と慎太郎《しんたろう》は、意見《いけん》をたたかわしていたのだった。

「峰吉《みねきち》、しゃもでも食《く》おうや。」

「買《か》ってきましょう。」

と言《い》って、峰吉《みねきち》が立《た》ちあがると、

「わしも、帰《かえ》るとするか。」

岡本《おかもと》も腰《こし》をあげた。

「ごめん。」

さむらいがひとり、近江屋《おうみや》の戸《と》を開《あ》けて入《はい》ってきたのは、それからまもなくのことだった。

2階《かい》の入《い》り口《ぐち》にいた藤吉《とうきち》がおりていくと、

「せっしゃは十津川《とつかわ》（奈良県《ならけん》）の郷士《ごうし》だが、坂本先生《さかもとせんせい》ご在宅《ざいたく》ならば、お目《め》にかかりたい。」

と言《い》って、藤吉《とうきち》に名刺《めいし》をわたした。藤吉《とうきち》は元力士《もとりきし》で、龍馬《りょうま》の身《み》の回《まわ》りの世話《せわ》をするいっぽうで、龍馬《りょうま》の護衛《ごえい》の役目《やくめ》もしていた。

十津川《とつかわ》の郷士《ごうし》と聞《き》いて、藤吉《とうきち》は安心《あんしん》し、男《おとこ》を2階《かい》に案内《あんない》した。十津川《とつかわ》には、龍馬《りょうま》の知《し》り合《あ》いが何人《なんにん》かいることを知《し》っていたからである。しかし、その後《うし》ろから、ひとりまたひとり、しのび足《あし》で階段《かいだん》をあがってくるのには気《き》づかなかった。

近江屋《おうみや》の2階《かい》には4間《ま》あったが、階段《かいだん》をのぼりきったところにある8畳間《じょうま》で、男《おとこ》はいきなり、藤吉《とうきち》の背中《せなか》を切《き》りつけた。藤吉《とうきち》は短《みじか》い悲鳴《ひめい》をあげた。

「ほたえな！」

おくの8畳間《じょうま》で、龍馬《りょうま》がさけんだ。土佐弁《とさべん》で「さわぐな」という意味《いみ》である。

龍馬《りょうま》は、峰吉《みねきち》が帰《かえ》ってきたのだと思《おも》い、火鉢《ひばち》をはさんで、なおも慎太郎《しんたろう》と話《はな》しつづけていた。

8畳間《じょうま》を通《とお》りぬけた男《おとこ》は、まんなかの6畳間《じょうま》のふすまをがらりと開《あ》けた。

「坂本先生《さかもとせんせい》、おひさしぶりです。」

「どなたじゃったかのう。」

龍馬《りょうま》がいぶかしげに顔《かお》をあげた次《つぎ》の瞬間《しゅんかん》、男《おとこ》の刀《かたな》がきらりとひらめき、龍馬《りょうま》の額《ひたい》を一文字《いちもんじ》になぎはらった。額《ひたい》から、血《ち》がふきだした。

それでも、龍馬《りょうま》は体《からだ》をねじらせ、床《とこ》の間《ま》においた刀《かたな》に手《て》をのばした。だが、龍馬《りょうま》が刀《かたな》をぬくまえに、第《だい》2、第《だい》3の男《おとこ》たちが、龍馬《りょうま》の肩先《かたさき》を切《き》りつけ、ふたたび額《ひたい》を、さらに深《ふか》くなぎはらった。

「石川《いしかわ》、刀《かたな》はないか。」

そうさけびながら、龍馬《りょうま》はうつぶせにたおれた。「石川《いしかわ》」とは、中岡《なかおか》の変名《へんめい》、石川《いしかわ》誠之助《せいのすけ》のことだった。最後《さいご》の瞬間《しゅんかん》まで、龍馬《りょうま》は仲間《なかま》をかばったのである。

その中岡《なかおか》も、刀《かたな》をとるよゆうはなく、わずか9寸《すん》（約《やく》30センチメートル）の短刀《たんとう》で相手《あいて》に立《た》ちむかったが、11か所《しょ》も傷《きず》を受《う》けて、気《き》をうしなってしまった。

3人《にん》の暗殺者《あんさつしゃ》が姿《すがた》を消《け》したあと、血《ち》の海《うみ》の中《なか》で、

「石川《いしかわ》、わしは脳《のう》をやられちょる。もう、いかん。」

龍馬《りょうま》はそう言《い》って目《め》をとじた。それが、最期《さいご》の言葉《ことば》だった。

慎太郎《しんたろう》は一命《いちめい》をとりとめ、傷《きず》の手当《てあ》てを受《う》けたが、けっきょく快復《かいふく》せず、2日後《ふつかご》に息《いき》を引《ひ》きとった。

龍馬《りょうま》と慎太郎《しんたろう》を暗殺《あんさつ》したのは、だれであったのか。新選組《しんせんぐみ》のしわざという説《せつ》もあれば、いろは丸事件《まるじけん》でうらみをもつ紀州藩士《きしゅうはんし》のしわざという説《せつ》もある。もっとも有力《ゆうりょく》なのは、佐々木唯三郎《ささきただざぶろう》のひきいる、幕府《ばくふ》の京都見廻組《きょうとみまわりぐみ》がおそったという説《せつ》だが、これにも決定的《けっていてき》な証拠《しょうこ》はなく、真犯人《しんはんにん》はいぜんとして、なぞのままである。

しかし、犯人《はんにん》がだれであれ、坂本龍馬《さかもとりょうま》は1867（慶応《けいおう》3）年11月15日夜《にちよる》、奇《く》しくも誕生日《たんじょうび》に、新《あたら》しい日本《にっぽん》の夜明《よあ》けをまえにして、波乱《はらん》にみちた33歳《さい》の生涯《しょうがい》をとじたのである。

最後《さいご》に、龍馬《りょうま》が死《し》んだのち、日本《にっぽん》がどのような歩《あゆ》みをたどったかを、かんたんに記《しる》しておこう。

1867（慶応《けいおう》3）年《ねん》12月《がつ》、王政復古《おうせいふっこ》令《れい》が発布《はっぷ》され、政権《せいけん》は幕府《ばくふ》から朝廷《ちょうてい》にうつされることになった。しかし、中岡慎太郎《なかおかしんたろう》が予想《よそう》したように、幕府《ばくふ》はすんなり朝廷《ちょうてい》に政権《せいけん》を返《かえ》そうとはしなかった。

1868（明治《めいじ》1）年《ねん》1月《がつ》、薩摩《さつま》、長州《ちょうしゅう》、土佐《とさ》の連合軍《れんごうぐん》は、鳥羽《とば》・伏見《ふしみ》の戦《たたか》いで幕《ばく》府軍《ふぐん》をやぶり、江戸《えど》へ向《む》けて進撃《しんげき》した。このまま進《すす》めば、江戸《えど》を中心《ちゅうしん》に大《おお》きな戦争《せんそう》が起《お》こる危険《きけん》があったが、3月《がつ》に、幕府代表《ばくふだいひょう》の勝海舟《かつかいしゅう》と、連合軍代表《れんごうぐんだいひょう》の西郷隆盛《さいごうたかもり》が話《はな》しあった結果《けっか》、幕府《ばくふ》は連合軍《れんごうぐん》に江戸城《えどじょう》を明《あ》けわたすことにした。

その後《ご》も、会津《あいづ》（福島県《ふくしまけん》）や北海道《ほっかいどう》で、幕府軍《ばくふぐん》は連合軍《れんごうぐん》とたたかったが、すでに大《たい》勢《せい》は決《けっ》しており、日本中《にっぽんじゅう》をまきこむ戦争《せんそう》にはならなかった。

国中《くにじゅう》をまきこむ戦争《せんそう》をしないですんだのは、幕府《ばくふ》が大政奉還《たいせいほうかん》を決《き》めていたからであった。その大政奉還《たいせいほうかん》をおしすすめた中心人物《ちゅうしんじんぶつ》が、坂本龍馬《さかもとりょうま》であった。もし龍馬《りょうま》の活《かつ》躍《やく》がなかったら、江戸幕府《えどばくふ》を終《お》わらせ、明治政府《めいじせいふ》が誕生《たんじょう》した明治維新《めいじいしん》はなしとげられなかったといってもいいだろう。

明治天皇《めいじてんのう》が、有名《ゆうめい》な「五箇条《ごかじょう》の御誓文《ごせいもん》」［8］を発布《はっぷ》したのは1868（明治《めいじ》1）年《ねん》3月《がつ》14日《か》のことである。この御誓文《ごせいもん》のもとになったものも、坂本龍馬《さかもとりょうま》の「船中八策《せんちゅうはっさく》」であった。

（終《お》わり）

［8］明治天皇《めいじてんのう》がしめした、明治新政府《めいじしんせいふ》の基本政策《きほんせいさく》。「広《ひろ》ク会議《かいぎ》ヲ興《おこ》シ万機《ばんき》公論《こうろん》ニ決《けっ》スベシ」など、5条《じょう》からなる。日本《にっぽん》はこれによって、立憲君主国家《りっけんくんしゅこっか》として歩《あゆ》みだした。

坂本《さかもと》龍馬《りょうま》の年表《ねんぴょう》

年代《ねんだい》	年齢《ねんれい》	できごと	世《よ》の中《なか》の動《うご》き
1835（天保《てんぽう》6）	1歳《さい》	11月《がつ》15日《にち》、土佐《とさ》（高知県《こうちけん》）の郷士《ごうし》の子《こ》として生《う》まれる。	
1837（天保《てんぽう》8）			大塩平八郎《おおしおへいはちろう》の乱《らん》。
1841（天保《てんぽう》12）			天保《てんぽう》の改革《かいかく》始《はじ》まる。
1846（弘化《こうか》3）	12歳《さい》	楠山塾《くすやまじゅく》に入《はい》る。この年《とし》、母《はは》をうしなう。	
1848（嘉永《かえい》1）	14歳《さい》	日根野道場《ひねのどうじょう》に入《はい》り、剣術《けんじゅつ》を学《まな》ぶ。	山内豊信《やまうちとよしげ》、土佐藩《とさはん》をつぐ。
1853（嘉永《かえい》6）	19歳《さい》	剣術修業《けんじゅつしゅぎょう》のため江戸《えど》に行《い》き、千葉定吉《ちばさだきち》の道場《どうじょう》に入門《にゅうもん》する。ペリー来航《らいこう》により、江戸内海《えどうちうみ》沿《えん》岸《がん》の警備《けいび》にかりだされる。	ペリー来航《らいこう》。
1854（嘉永《かえい》7）（安政《あんせい》1）	20歳《さい》	江戸《えど》より帰国《きこく》、このころ河田小龍《かわだしょうりょう》に会《あ》い、世《せ》界《かい》への目《め》を開《ひら》かれる。	ペリー再来《さいらい》。日米和親条《にちべいわしんじょう》約《やく》むすばれる。
1855（安政《あんせい》2）	21歳《さい》	父《ちち》をうしなう。	幕府《ばくふ》、洋学所《ようがくしょ》をもうける。

1856（安政《あんせい》3）	22歳《さい》	剣術修業《けんじゅつしゅぎょう》のため、ふたたび江戸《えど》におもむく。	アメリカの領事《りょうじ》ハリス、来日《らいにち》。
1857（安政《あんせい》4）	23歳《さい》	江戸《えど》滞在《たいざい》の1年間延長《ねんかんえんちょう》を藩《はん》にねがいでて、ゆるされる。	
1858（安政《あんせい》5）	24歳《さい》	江戸《えど》より高知《こうち》に帰《かえ》る。国《くに》ざかいで、水戸藩《みとはん》の浪士《ろうし》に会《あ》う。	井伊直弼《いいなおすけ》、大老《たいろう》になる。安政《あんせい》の大獄《たいごく》始《はじ》まる。
1860（万延《まんえん》1）			桜田門外《さくらだもんがい》の変《へん》起《お》こる。
1861（文久《ぶんきゅう》1）	27歳《さい》	武市半平太《たけちはんぺいた》（瑞山《ずいざん》）が土佐勤王党《とさきんのうとう》を結成《けっせい》する。龍馬《りょうま》もこれにくわわる。	
1862（文久《ぶんきゅう》2）	28歳《さい》	武市《たけち》の使者《ししゃ》として、長州《ちょうしゅう》の萩《はぎ》に久坂玄瑞《くさかげんずい》をたずねる。帰国後《きこくご》、脱藩《だっぱん》して下関《しものせき》に向《む》かう。三《み》たび江戸《えど》に行《い》き、勝海舟《かつかいしゅう》の門下《もんか》となる。勝《かつ》の手《て》つだいをするために、神戸《こうべ》に向《む》かう。	皇女和宮《こうじょかずのみや》の婚儀《こんぎ》。坂下門外《さかしたもんがい》の変《へん》起《お》こる。
1863（文久《ぶんきゅう》3）	29歳《さい》	脱藩《だっぱん》の罪《つみ》がゆるされる。神戸海軍操練所《こうべかいぐんそうれんじょ》の建設《けんせつ》が決定《けってい》、その資金《しきん》をかりるため、越前《えちぜん》に向《む》かう。私塾《しじゅく》・勝塾《しょうじゅく》で学《まな》ぶ。	8月《がつ》18日《にち》の政変《せいへん》起《お》こる。土佐勤王党《とさきんのうとう》への弾圧《だんあつ》。

1864（元治《げんじ》1）	30歳《さい》	勝《かつ》とともに長崎《ながさき》へ行《い》く。横井小楠《よこいしょうなん》を熊本《くまもと》にたずねる。京都《きょうと》で、西郷隆盛《さいごうたかもり》と会《あ》う。このころから、薩摩藩《さつまはん》に接近《せっきん》する。	池田屋事件《いけだやじけん》。禁門《きんもん》の変《へん》。第一次長州征伐《だいいちじちょうしゅうせいばつ》。四国連合艦隊《しこくれんごうかんたい》、下関《しものせき》を砲撃《ほうげき》。
1865（慶応《けいおう》1）	31歳《さい》	熊本《くまもと》の横井《よこい》をたずねたあと、太宰府《だざいふ》で公家《くげ》の三条実美《さんじょうさねとみ》に会《あ》う。下関《しものせき》にわたり、長州藩《ちょうしゅうはん》の木戸孝允《きどたかよし》に会《あ》い、薩長連合《さっちょうれんごう》の必要《ひつよう》を説《と》く。このころ、亀山社中《かめやましゃちゅう》をつくる。	土佐藩《とさはん》、武市半平太《たけちはんぺいた》（瑞山《ずいざん》）ら尊王攘夷派《そんのうじょういは》を処刑《しょけい》。
1866（慶応《けいおう》2）	32歳《さい》	下関《しものせき》から京都《きょうと》の薩摩藩邸《さつまはんてい》に入《はい》る。龍馬《りょうま》の仲立《なかだ》ちで、木戸《きど》らの長州藩士《ちょうしゅうはんし》と、西郷《さいごう》、大久保利通《おおくぼとしみち》らの薩摩藩士《さつまはんし》が会談《かいだん》し、薩長連合《さっちょうれんごう》が成立《せいりつ》。京都伏見《きょうとふしみ》の寺田屋《てらだや》でおそわれるが、あやうく脱出《だっしゅつ》し、薩摩藩邸《さつまはんてい》へにげ、かくまわれる。大坂《おおざか》を出発《しゅっぱつ》し、鹿児島《かごしま》に向《む》かう。お龍《りょう》と霧島《きりしま》などに新婚旅行《しんこんりょこう》。幕府《ばくふ》と長州《ちょうしゅう》との海戦《かいせん》に、ユニオン号《ごう》で長州《ちょうしゅう》を助《たす》ける。	薩長連合《さっちょうれんごう》が成立《せいりつ》。第二次《だいにじ》長州征伐《ちょうしゅうせいばつ》始《はじ》まる。徳川慶喜《とくがわよしのぶ》、将軍《しょうぐん》となる。孝明天皇《こうめいてんのう》亡《な》くなる。
		長崎《ながさき》で土佐藩《とさはん》の重臣《じゅうしん》後藤象二郎《ごとうしょうじろう》と会《あ》い、亀山《かめやま》	明治天皇《めいじてんのう》即位《そくい》。土佐藩《とさはん》の

1867（慶応《けいおう》3）	33歳《さい》	社中《しゃちゅう》の後援《こうえん》をたのむ。亀山社中《かめやましゃちゅう》、海援隊《かいえんたい》となる。脱藩《だっぱん》の罪《つみ》がゆるされ、海援隊隊長《かいえんたいたいちょう》に任命《にんめい》される。海援隊《かいえんたい》のいろは丸《まる》が、紀州藩《きしゅうはん》の船《ふね》に衝突《しょうとつ》されるという事件《じけん》起《お》こる。「船中八策《せんちゅうはっさく》」を後藤《ごとう》にしめす。オランダの商社《しょうしゃ》からライフル銃《じゅう》1200〜1300ちょうを買《か》いいれ、高知《こうち》に帰《かえ》る。京都《きょうと》にのぼる。福井《ふくい》で由利公正《ゆりきみまさ》に会《あ》う。11月《がつ》15日《にち》、京都近江屋《きょうとおうみや》で刺客《しかく》におそわれ、陸援隊隊長《りくえんたいたいちょう》の中岡慎太郎《なかおかしんたろう》とともにたおされる。	中岡慎太郎《なかおかしんたろう》、陸援隊《りくえんたい》を組《そ》織《しき》。土佐藩《とさはん》が大政奉還《たいせいほうかん》を建白《けんぱく》し、幕府《ばくふ》は政権《せいけん》を返《へん》上《じょう》する。討幕《とうばく》の密勅《みっちょく》くだる。王政復古《おうせいふっこ》の大号令《だいごうれい》出《で》る。

年齢《ねんれい》は数《かぞ》え年《どし》

解説《かいせつ》

坂本龍馬《さかもとりょうま》の人気《にんき》の秘密《ひみつ》

砂田《すなだ》 弘《ひろし》

スケールの雄大《ゆうだい》さ

もし人気投票《にんきとうひょう》で歴史上《れきしじょう》の人物《じんぶつ》のベストテンをえらんだら、坂本龍馬《さかもとりょうま》が第《だい》1位《い》をしめることはまちがいないでしょう。ことに少年少女《しょうねんしょうじょ》から青年《せいねん》までのわかい人《ひと》びとの間《あいだ》では、龍馬《りょうま》は圧倒的《あっとうてき》な人気《にんき》があります。

源義経《みなもとのよしつね》、豊臣秀吉《とよとみひでよし》、高杉晋作《たかすぎしんさく》、西郷隆盛《さいごうたかもり》、野口英世《のぐちひでよ》といったわが国《くに》の英雄《えいゆう》や偉人《いじん》をはじめ、ナポレオン、リンカーン、シュバイツァーなどの世界《せかい》の英雄《えいゆう》や偉人《いじん》たちも、龍馬《りょうま》の人気《にんき》には遠《とお》くおよびません。この龍馬《りょうま》の人気《にんき》は、これからもなおつづくことでしょう。では、龍馬《りょうま》のみりょくはいったいどこにあるのでしょうか。

龍馬《りょうま》の最大《さいだい》のみりょくは、スケールの大《おお》きい、型破《かたやぶ》りの人物《じんぶつ》であったというところにあります。龍馬《りょうま》のものの考《かんが》え方《かた》や生《い》き方《かた》は、当時《とうじ》の人《ひと》びとにとってはもちろんのこと、わたしたちから見《み》ても、あっというほど、型破《かたやぶ》りのものでした。

だれもが家《いえ》や身分《みぶん》にしばられていた時代《じだい》にあって、龍馬《りょうま》はあっさりとそれらをたちきってしまいます。尊王攘夷《そんのうじょうい》派《は》の仲間《なかま》にくわわりながら、開国《かいこく》派《は》の勝海舟《かつかいしゅう》の門下生《もんかせい》となり、航海術《こうかいじゅつ》を学《まな》びます。さらに、薩摩藩《さつまはん》と長州藩《ちょうしゅうはん》の仲直《なかなお》りの仲立《なかだ》ちをつとめ、大政《たいせい》奉還《ほうかん》というプランを立《た》てて、みごとに成功《せいこう》させます。そのいっぽうで、亀山社中《かめやましゃちゅう》（のちの海援隊《かいえんたい》）を結成《けっせい》し、金《かね》もうけの仕事《しごと》にも精《せい》を出《だ》します。

表面《ひょうめん》だけを見《み》ると、龍馬《りょうま》はその33歳《さい》の生涯《しょうがい》を、勝手気《かってき》ままに生《い》きたという印象《いんしょう》を受《う》けるでしょう。しかし、実際《じっさい》はそれとは正反対《せいはんたい》でした。

龍馬《りょうま》のひとつひとつの行動《こうどう》は、その底《そこ》で自由《じゆう》・平等《びょうどう》・平和《へいわ》をたっとぶ精神《せいしん》と深《ふか》くむすびついています。しかも龍馬《りょうま》は、たえず日本全体《にっぽんぜんたい》を見《み》すえて、日本《にっぽん》の将来《しょうらい》にとって最善《さいぜん》の道《みち》をさぐりながら行動《こうどう》したのでした。

長《なが》いあいだ鎖国政策《さこくせいさく》をとりつづけてきたわが国《くに》が、欧米《おうべい》の国々《くにぐに》から開国《かいこく》をせまられたとき、龍馬《りょうま》は、自由《じゆう》には自由《じゆう》をもって対抗《たいこう》しなければならないと考《かんが》え、土佐藩《とさはん》から脱藩《だっぱん》します。開国《かいこく》をめぐって世論《せろん》が二分《にぶん》したときも、国内《こくない》を統一《とういつ》してから開国《かいこく》しなければ、外国《がいこく》に侵略《しんりゃく》されるおそれがあると考《かんが》えて、中立《ちゅうりつ》の立場《たちば》をとりながら、いちばんよい方法《ほうほう》をさぐりつづけます。

国内《こくない》での戦争《せんそう》をさけて、平和《へいわ》のうちに新《あたら》しい国《くに》をつくるにはどうすればよいか。その展望《てんぼう》のもとに生《う》みだされたのが、薩長連合《さっちょうれんごう》さらには大政奉還《たいせいほうかん》という、思《おも》いきった構想《こうそう》でした。政治活動《せいじかつどう》にたずさわるかたわら、海《うみ》に囲《かこ》まれた島国《しまぐに》である日本《にっぽん》は、これからは貿易《ぼうえき》に活路《かつろ》を見《み》いださなければならないと、龍馬《りょうま》はいち早《はや》くさとり、仲間《なかま》たちと海運業《かいうんぎょう》をおこします。龍馬《りょうま》のたどった足取《あしど》りは、けっして勝手気《かってき》ままなものではなく、きちんと道筋《みちすじ》が通《とお》っていることがわかるでしょう。

さらにわたしを感嘆《かんたん》させるのは、そうしたスケールの大《おお》きな仕事《しごと》を、龍馬《りょうま》がじゅうぶん楽《たの》しみながらやりとげていることです。いつも明《あか》るく、だれからも愛《あい》された龍馬《りょうま》は、いまの言葉《ことば》でいえば、けた外《はず》れのネアカ人間《にんげん》であったといっていいでしょう。

龍馬《りょうま》はまた、自分《じぶん》の利益《りえき》をまったく考《かんが》えないで生《い》きた人《ひと》でした。自分《じぶん》は「土佐《とさ》のいもほり」だと、胸《むね》をはっていい、出世《しゅっせ》しようとか、もうけをひとりじめしようとか、一度《いちど》だって考《かんが》えたことはありません。新政府《しんせいふ》の閣僚名簿《かくりょうめいぼ》を作成《さくせい》したとき、大政奉還《たいせいほうかん》の立《た》て役者《やくしゃ》であったにもかかわらず、「きゅうくつな役人《やくにん》はきらいじゃ。」と言《い》って、龍《りょう》馬《ま》は名簿《めいぼ》に自分《じぶん》の名《な》をのせませんでした。亀山社中《かめやましゃちゅう》や海援隊《かいえんたい》でも、龍馬《りょうま》は仲間《なかま》と同《おな》じ額《がく》の給料《きゅうりょう》しか受《う》けとりませんでした。英雄《えいゆう》とか偉人《いじん》とかよばれる人物《じんぶつ》のなかで、まったく損得《そんとく》の勘定《かんじょう》なしに生《い》きた人《ひと》は、わたしの知《し》るかぎり、龍馬《りょうま》のほかに、田中正造《たなかしょうぞう》がいるだけです。

龍馬《りょうま》をとりまく人《ひと》びと

このような、スケールの大《おお》きい、型破《かたやぶ》りの人物《じんぶつ》を生《う》みだした原動力《げんどうりょく》は、なんだったのでしょうか。高知市《こうちし》の桂浜《かつらはま》には、１９２８（昭和《しょうわ》3）年《ねん》にたてられた高《たか》さ13メートルの龍馬《りょうま》の銅像《どうぞう》が、今日《きょう》も太平洋《たいへいよう》をにらんでいますが、土佐《とさ》の青《あお》く、はてしない海《うみ》が、龍馬《りょうま》の大《おお》きな夢《ゆめ》を育《そだ》てたことはたしかでしょう。武士《ぶし》と商人《しょうにん》の両方《りょうほう》の血筋《ちすじ》を引《ひ》いていたことも、龍馬《りょうま》が自由《じゆう》な考《かんが》えをもつようになったことと無関係《むかんけい》ではないでしょう。土佐《とさ》の人《ひと》びとには、昔《むかし》からがんこなところがあり、とくにがんこで、自分《じぶん》の考《かんが》えをぜったいに曲《ま》げない男《おとこ》のことを〝いごっそう〟とよんでいますが、龍馬《りょうま》の体《からだ》には、いごっそうの血《ち》も流《なが》れていたようです。また、姉《あね》の乙女《おとめ》があたえた影響《えいきょう》も、小《ちい》さくはありません。

さらに河田小龍《かわだしょうりょう》、武市半平太《たけちはんぺいた》、中岡慎太郎《なかおかしんたろう》、桂小五郎《かつらこごろう》（木戸孝允《きどたかよし》）、勝海舟《かつかいしゅう》、西郷隆《さいごうたか》

盛《もり》らと出会《であ》うことによって、その夢《ゆめ》はますますふくらむと同時《どうじ》に、しなやかさをもつようになり、みりょくにあふれる龍馬《りょうま》をつくりあげたのではないかと思《おも》います。

しかし、わたしには、型破《かたやぶ》りの龍馬《りょうま》を生《う》んだもっとも大《おお》きなものは、幼少年時代《ようしょうねんじだい》の"落《お》ちこぼれ"の体験《たいけん》ではなかったかと思《おも》われてなりません。なぜなら、型《かた》にはまった教育《きょういく》を受《う》けた、いわゆる秀才型《しゅうさいがた》の人間《にんげん》には、龍馬《りょうま》のような型破《かたやぶ》りのものの考《かんが》え方《かた》はとてもできないからです。
十三、四歳《さい》までの龍馬《りょうま》は、体《からだ》こそ大《おお》きかったものの、勉強《べんきょう》はからきしだめ、そのうえ、大《だい》の弱虫《よわむし》で"落《お》ちこぼれ"もいいところでした。
「この子《こ》には教《おし》えようがない。」と言《い》って、塾《じゅく》から追《お》いだされた龍馬《りょうま》は、いやでも自《じ》分《ぶん》でものごとを判断《はんだん》し、行動《こうどう》しなければなりませんでした。人《ひと》のつくったものさしにたよるのではなく、自分《じぶん》のものさしをつくらなければならなかったのです。そのものさしから生《う》まれたのが、スケールの大《おお》きい、型破《かたやぶ》りのものの考《かんが》え方《かた》と生《い》き方《かた》でした。

龍馬《りょうま》は、明治維新《めいじいしん》でもっとも大《おお》きな役割《やくわり》をはたした人物《じんぶつ》で、もし龍馬《りょうま》がいなかったら日本《にっぽん》の歴史《れきし》は変《か》わったのではないかといわれるほどです。その龍馬《りょうま》が少年時代《しょうねんじだい》から常識《じょうしき》にとらわれず、自由《じゆう》にものごとを発想《はっそう》して行動《こうどう》したということは、なによりも少《しょう》年少女《ねんしょうじょ》たちを力《ちから》づけてくれるにちがいありません。少年少女《しょうねんしょうじょ》のみなさんひとりひとりが、龍馬《りょうま》になれる可能性《かのうせい》をひめているということになるからです。龍馬《りょうま》がわかい人《ひと》びとの間《あいだ》で圧倒的《あっとうてき》な人気《にんき》をもつ秘密《ひみつ》も、そこにあるのでしょう。

本書《ほんしょ》は講談社《こうだんしゃ》火《ひ》の鳥《とり》伝記《でんき》文庫《ぶんこ》『坂本竜馬《さかもとりょうま》』（1985年《ねん》11月《がつ》15日《にち》初版《しょはん》）を底本《ていほん》に、新《あたら》しい資料《しりょう》に基《もと》づいて内容《ないよう》の改訂《かいてい》を行《おこな》い、一部《いちぶ》の文字《もじ》づかい、表現《ひょうげん》などを読《よ》みやすくあらためたものです。「解説《かいせつ》」は旧版《きゅうはん》のものを再録《さいろく》しました。

坂本龍馬《さかもとりょうま》をめぐる歴史人物伝《れきしじんぶつでん》

最期《さいご》まで龍馬《りょうま》の
最高《さいこう》の相棒《あいぼう》だった

中岡慎太郎《なかおかしんたろう》

1838－1867年《ねん》

土佐《とさ》の国《くに》（現在《げんざい》の高知県《こうちけん》）安芸郡《あきぐん》の庄屋《しょうや》の家《いえ》に生《う》まれる。おさないころから神童《しんどう》といわれるほどかしこかった。7歳《さい》のころには勉強《べんきょう》のため、8キロメートルもはなれたとなり村《むら》の塾《じゅく》へ、片道《かたみち》1時間半《じかんはん》から2時間《じかん》もかけて通《かよ》っていた。14歳《さい》になると、塾《じゅく》で先生《せんせい》の代《か》わりに教《おし》えるほどだった。

武市半平太《たけちはんぺいた》から剣術《けんじゅつ》を習《なら》ったことから、武市《たけち》とともに土佐勤王党《とさきんのうとう》のリーダーとなる。しかし、土佐藩《とさはん》のしめつけがきびしくなってきたため、脱藩《だっぱん》して長州《ちょうしゅう》へにげた。

長州《ちょうしゅう》で、いまの日本《にっぽん》でやらなければならないことは、幕府《ばくふ》をたおし、外国《がいこく》に負《ま》けない武力《ぶりょく》をもつこと、そのためには、薩摩《さつま》と長州《ちょうしゅう》が手《て》をむすばなければならないと考《かんが》えるようになる。坂本龍馬《さかもとりょうま》もまったく同《おな》じ考《かんが》えだった。

中岡《なかおか》は龍馬《りょうま》より3歳年下《さいとしした》。同《おな》じ土佐《とさ》の生《う》まれでも、育《そだ》ちがちがったが、近江屋《おうみや》で命《いのち》を落《お》とすまで、ともに倒幕《とうばく》に力《ちから》をつくした。

龍《りょう》馬《ま》を育《そだ》てた
幕《ばく》府《ふ》一《いち》の頭《ず》脳《のう》

勝《かつ》 海《かい》舟《しゅう》

１８２３－１８９９年《ねん》

江戸《えど》（現在《げんざい》の東京都《とうきょうと》）で旗本《はたもと》（徳川将軍家《とくがわしょうぐんけ》の直接《ちょくせつ》の家来《けらい》）の家《いえ》に生《う》まれ、剣術《けんじゅつ》にも学《がく》問《もん》にも熱心《ねっしん》な子《こ》だった。

１８５３（嘉永《かえい》６）年《ねん》、アメリカのペリーが黒船《くろふね》でやってきて、幕府《ばくふ》に開国《かいこく》をせまると、老中《ろうじゅう》の阿部正弘《あべまさひろ》は、海《うみ》の守《まも》りについての意見《いけん》を広《ひろ》く求《もと》めた。このとき、31歳《さい》の勝《かつ》は、すぐれた意見書《いけんしょ》を出《だ》し、それがみとめられて出世《しゅっせ》のきっかけをつかんだ。

開国後《かいこくご》、１８６０（万延《まんえん》１）年《ねん》には、「咸《かん》臨丸《りんまる》」でアメリカにわたる。その経験《けいけん》から、幕府《ばくふ》のことより、日本《にっぽん》のことを思《おも》うようになり、西郷《さいごう》や龍馬《りょうま》など維新《いしん》の志士《しし》とも交流《こうりゅう》した。

龍馬《りょうま》は、勝《かつ》の時代《じだい》を見《み》すえた新《あたら》しい考《かんが》え方《かた》に影響《えいきょう》を受《う》け、師《し》とあおいだ。

幕府《ばくふ》の中《なか》の、古《ふる》い考《かんが》えをもつ人《ひと》たちとは対立《たいりつ》したが、戊辰戦争《ぼしんせんそう》で、薩長《さっちょう》を相手《あいて》に話《はなし》のできる人物《じんぶつ》は、勝《かつ》のほかにはいなかった。新政府軍《しんせいふぐん》の総大将《そうたいしょう》、西郷隆盛《さいごうたかもり》に交渉《こうしょう》をもちかけ、江戸城無血開城《えどじょうむけつかいじょう》を成功《せいこう》させた。

明治《めいじ》の新政府《しんせいふ》の中《なか》でも要職《ようしょく》をつとめたが、77歳《さい》のとき、ふろ上《あ》がりにたおれ、「これでおしまい」と言《い》って息《いき》を引《ひ》きとった。

薩長連合《さっちょうれんごう》を実現《じつげん》した
薩摩《さつま》のリーダー

西郷隆盛《さいごうたかもり》

1827－1877年《ねん》

薩摩《さつま》の国《くに》（現在《げんざい》の鹿児島県《かごしまけん》）の身分《みぶん》の低《ひく》い武士《ぶし》の家《いえ》に生《う》まれた。藩《はん》の学校《がっこう》で勉強《べんきょう》にはげみ、28歳《さい》のときに藩主《はんしゅ》の島津斉彬《しまづなりあきら》に見《み》いだされ、おともとして江戸《えど》にも行《い》くようになる。斉彬《なりあきら》は、開国《かいこく》をまえに、幕府《ばくふ》と天皇《てんのう》のむすびつきを強《つよ》くすべきと考《かんが》えていた。

ところが、大老《たいろう》の井伊直弼《いいなおすけ》が、天皇《てんのう》に断《ことわ》りなく開国《かいこく》を決《き》めたことで、長州《ちょうしゅう》を中心《ちゅうしん》に幕府《ばくふ》への批判《ひはん》が高《たか》まる。その斉彬《なりあきら》が急死《きゅうし》したため、しばらくは身《み》を引《ひ》くが、世《よ》の中《なか》がいよいよ大《おお》きく動《うご》きはじめると、薩摩《さつま》は西《さい》郷《ごう》の力《ちから》を必要《ひつよう》とするようになった。

龍馬《りょうま》にうながされて実現《じつげん》した薩長連合《さっちょうれんごう》から、大政奉還《たいせいほうかん》、戊辰戦争《ぼしんせんそう》、明治維新《めいじいしん》にいたるまで、西郷《さいごう》は中心人物《ちゅうしんじんぶつ》として活躍《かつやく》した。

新政府《しんせいふ》でも、重要《じゅうよう》な地位《ちい》についたが、意《い》見《けん》のちがいから政府《せいふ》を去《さ》り、故郷《こきょう》に帰《かえ》る。すると、新《あたら》しい時代《じだい》についていけず、新政《しんせい》府《ふ》に不満《ふまん》をもつ者《もの》が、おおぜい集《あつ》まってきた。ほとんどがもとの武士階級《ぶしかいきゅう》だ。

その勢《いきお》いをおさえられず、ついに反乱《はんらん》を起《お》こし、政府軍《せいふぐん》が守《まも》る熊本鎮台《くまもとちんだい》（熊本城《くまもとじょう》）をせめた。これが日本最大《にほんさいだい》で最後《さいご》の内乱《ないらん》、西南戦争《せいなんせんそう》で、西郷《さいごう》は完敗《かんぱい》し、自決《じけつ》した。

剣《けん》の達人《たつじん》で
長州藩《ちょうしゅうはん》のリーダー

桂《かつら》小《こ》五《ご》郎《ろう》

1833－1877年《ねん》

長門《ながと》の国《くに》（長州《ちょうしゅう》、現在《げんざい》の山口県《やまぐちけん》）の和田家《わだけ》という医者《いしゃ》の家《いえ》に生《う》まれた。８歳《さい》のときに桂家《かつらけ》の養子《ようし》となる。14歳《さい》ごろ、剣術《けんじゅつ》の道場《どうじょう》に入門《にゅうもん》。めきめきと腕《うで》をあげ、江戸《えど》にまで修業《しゅぎょう》に行《い》き、免許皆伝《めんきょかいでん》の剣士《けんし》となった。いっぽう、学問《がくもん》は吉田松陰《よしだしょういん》の松下村塾《しょうかそんじゅく》で学《まな》んだ。松陰《しょういん》もおどろくほど優秀《ゆうしゅう》だったという。

外国《がいこく》の事情《じじょう》を知《し》ることにより、力《ちから》のおとろえた幕府《ばくふ》を見《み》かぎって、天皇中心《てんのうちゅうしん》の新《あたら》しい政府《せいふ》をつくろうという、尊皇攘夷《そんのうじょうい》の考《かんが》えにかたむき、藩《はん》の意見《いけん》をまとめると、朝廷《ちょうてい》にもはたらきかけた。

ところが、幕府《ばくふ》と朝廷《ちょうてい》のむすびつきを強《つよ》めようとする会津藩《あいづはん》と薩摩藩《さつまはん》によって、長《ちょう》州藩《しゅうはん》は京都《きょうと》を追《お》いだされる。しかし、桂《かつら》はひそかに京都《きょうと》で活動《かつどう》をつづけた。そのため、幕府側《ばくふがわ》に命《いのち》をねらわれたが、なんとか危機《きき》を乗《の》りこえることができた。

その後《ご》、木戸孝允《きどたかよし》と名前《なまえ》をかえ、龍馬《りょうま》の仲立《なかだ》ちによる薩長連合《さっちょうれんごう》のときには、長州《ちょうしゅう》の代表《だいひょう》として、薩摩《さつま》の西郷《さいごう》や大久保利通《おおくぼとしみち》と手《て》をむすび、のち「五箇条《ごかじょう》のご誓文《せいもん》」の案《あん》をつくった。明治新政府《めいじしんせいふ》でも西郷《さいごう》、大久保《おおくぼ》とともに参議《さんぎ》という重要《じゅうよう》な職《しょく》についた。

土佐勤王党《とさきんのうとう》のリーダー

武市半平太《たけちはんぺいた》

1829－1865年《ねん》

土佐藩士《とさはんし》で、龍馬《りょうま》とは遠《とお》い親戚《しんせき》。剣《けん》の達人《たつじん》で、妻《つま》のおじといっしょに、１２０人《にん》もの弟子《でし》が集《あつ》まる道場《どうじょう》を開《ひら》いていた。

江戸《えど》に出《で》ると、尊王攘夷《そんのうじょうい》の考《かんが》えをもつようになり、ほかの藩《はん》の人物《じんぶつ》と交流《こうりゅう》し、帰国《きこく》後《ご》、土佐勤王党《とさきんのうとう》を結成《けっせい》、リーダーとなる。

その後《ご》、藩《はん》の中《なか》で力《ちから》のあった、公武合体《こうぶがったい》派《は》の吉田東洋《よしだとうよう》を暗殺《あんさつ》した罪《つみ》で、切腹《せっぷく》させられた。37歳《さい》だった。

奇兵隊《きへいたい》をひきいた若《わか》きカリスマ

高杉晋作《たかすぎしんさく》

1839－1867年《ねん》

長州藩士《ちょうしゅうはんし》。吉田松陰《よしだしょういん》をしたって松下村塾《しょうかそんじゅく》に入《はい》る。松陰《しょういん》が安政《あんせい》の大獄《たいごく》で死罪《しざい》となると、倒幕《とうばく》を心《こころ》にちかう。身分《みぶん》を問《と》わない奇兵隊《きへいたい》を結成《けっせい》、外国船《がいこくせん》に対抗《たいこう》するとともに、藩内《はんない》で意見《いけん》の対立《たいりつ》する重臣《じゅうしん》をたおし、最後《さいご》は長州《ちょうしゅう》を倒幕《とうばく》一本《いっぽん》にまとめあげた。しかし、結核《けっかく》におかされ、29歳《さい》の若《わか》さで世《よ》を去《さ》った。

龍馬《りょうま》が持《も》ち歩《ある》いていたピストルは、高杉《たかすぎ》からもらったもの。

河田小龍《かわだしょうりょう》

1824－1898年《ねん》

土佐藩《とさはん》の絵師《えし》。アメリカから帰国《きこく》したジョン万次郎《まんじろう》の話《はなし》を記録《きろく》した。蒸気船《じょうきせん》や鉄道《てつどう》、電信《でんしん》など、アメリカの進《すす》んだ技術《ぎじゅつ》について、『漂巽紀略《ひょうそんきりゃく》』としてまとめた。これは龍馬《りょうま》たち志士《しし》につたわり、大《おお》きな影響《えいきょう》をあたえた。

横井小楠《よこいしょうなん》

1809－1869年《ねん》

熊本藩士《くまもとはんし》（現在《げんざい》の熊本県《くまもとけん》）。江戸《えど》で学《まな》んだあと、熊本《くまもと》に帰《かえ》って塾《じゅく》を開《ひら》く。龍馬《りょうま》の思想《しそう》の基礎《きそ》ともいえる『国是三論《こくぜさんろん》』を書《か》いた。明治新政府《めいじしんせいふ》でも参与《さんよ》という役《やく》につくが、1869（明治《めいじ》2）年《ねん》、暗殺《あんさつ》された。

後藤象二郎《ごとうしょうじろう》

1838－1897年《ねん》

土佐藩士《とさはんし》。山内容堂《やまうちようどう》に信頼《しんらい》され、参政《さんせい》という職《しょく》につき、藩《はん》の政治《せいじ》の責任者《せきにんしゃ》となる。長崎《ながさき》で龍馬《りょうま》と会《あ》い、容堂《ようどう》が幕府《ばくふ》に大政奉還《たいせいほうかん》をすすめるきっかけをつくった。明治《めいじ》になってからも政治家《せいじか》として活躍《かつやく》した。

お龍《りょう》

1841－1906年《ねん》

龍馬《りょうま》の妻《つま》。京都《きょうと》の医者《いしゃ》の家《いえ》に生《う》まれた。龍馬《りょうま》と知《し》り合《あ》いだった父《ちち》は、安政《あんせい》の大獄《たいごく》でとらえられ、その後病死《ごびょうし》してしまう。長女《ちょうじょ》のお龍《りょう》は一家《いっか》をささえるため、20歳《はたち》ごろから旅館《りょかん》に働《はたら》きに出《で》た。本名《ほんみょう》、楢崎龍《ならさきりょう》。

著者紹介

砂田　弘　すなだ ひろし

児童文学作家、評論家。1933年、日本領時代の朝鮮に生まれる。早稲田大学仏文科卒業。在学中、早大童話会に所属。出版社勤務を経て児童文学作家の道を歩む。主な著作に『さらばハイウェイ』『二死満塁《ツーダンフルベース》』『少年探偵事件ノート』『悪いやつは眠らせない』。伝記に『田中正造』『真田幸村』。日本児童文学者協会賞受章。山口女子大学（現在、山口県立大学）教授、日本児童文学者協会会長を務め、2008年死去。

画家紹介（カバー絵、本文さし絵）

槇えびし　まき えびし

漫画家、イラストレーター。真田幸村とその時代を描いた「朱黒の仁」、16世紀の実在の医師の話「魔女をまもる。」、「天地明察」（原作＝冲方丁）シリーズ等の漫画のほか、『土方歳三　上・中・下』（富樫倫太郎）、『迷子石』（梶よう子）など、時代小説のカバーも多く手がけている。

協力――――――――三浦《みうら》夏樹《なつき》
（高知県立坂本龍馬記念館学芸員）
人物伝イラスト――――黒須《くろす》高嶺《たかね》
写真――――――――高知県立坂本龍馬記念館
編集――――――――オフィス303

講談社 火の鳥伝記文庫　4

坂本龍馬《さかもとりょうま》（新装版《しんそうばん》）

砂田《すなだ》　弘《ひろし》 文

1985年11月15日　第1刷発行
2016年10月7日　第76刷発行
2017年10月18日　新装版第1刷発行

発行者――鈴木　哲
発行所――株式会社 講談社
東京都文京区音羽2-12-21　郵便番号112-8001
電話　編集（03）5395-3536
販売（03）5395-3625
業務（03）5395-3615

ブックデザイン――祖父江 慎＋福島よし恵（コズフィッシュ）
印刷・製本――図書印刷株式会社
本文データ制作――講談社デジタル製作

N.D.C. 289　196p　18cm
Printed in Japan
ISBN978-4-06-149917-1

講談社《こうだんしゃ》　火《ひ》の鳥《とり》伝記《でんき》文庫《ぶんこ》　新装版《しんそうばん》によせて

火《ひ》の鳥《とり》は、世界中《せかいじゅう》の神話《しんわ》や伝説《でんせつ》に登場《とうじょう》する光《ひかり》の鳥《とり》です。灰《はい》のなかから何度《なんど》でもよみがえり、永遠《えいえん》の命《いのち》をもつといわれています。

伝記《でんき》に描《えが》かれている人々《ひとびと》は、人類《じんるい》や社会《しゃかい》の発展《はってん》に役立《やくだ》つすばらしい成果《せいか》を後世《こうせい》に残《のこ》した人々《ひとびと》です。みなさんにとっては、遠《とお》くまぶしい存在《そんざい》かもしれません。

しかし、かれらがかんたんに成功《せいこう》したのではないことは、この本《ほん》を読《よ》むとよくわかります。

一生懸命《いっしょうけんめい》取《と》り組《く》んでもうまくいかないとき、自分《じぶん》のしたいことがわからないとき、そして将来《しょうらい》のことを考《かんが》えるとき、みなさんを励《はげ》ましてくれるのは、先《さき》を歩《ある》いていった先輩《せんぱい》たちの努力《どりょく》するすがたや、失敗《しっぱい》の数々《かずかず》です。火《ひ》の鳥《とり》はかれらのなかにいて、くじけずチャレンジする力《ちから》となったのです。

伝記《でんき》のなかに生《い》きる人々《ひとびと》を親《した》しく感《かん》じるとき、みなさんの心《こころ》のなかに火《ひ》の鳥《とり》が羽《は》ばたいて将来《しょうらい》への希望《きぼう》を感《かん》じられることを願《ねが》い、この本《ほん》を贈《おく》ります。

２０１７年《ねん》10月《がつ》

講談社《こうだんしゃ》

坂本龍馬